Email Techniques in the Age of Telework

テレワーク
時代の
メール術

評価される人は１通のメールで仕事が終わる

一般社団法人日本ビジネスメール協会 代表理事
平 野 友 朗
Tomoaki Hirano

WAVE出版

はじめに

「メールだけで伝わるように書こうとすると時間がかかる」
「言いたいことがメールだとうまく伝えられない」
「メールが噛み合わず険悪な雰囲気になった」
「電話をしたいけど『連絡はメールで』と言われる」

このような悩みを耳にすることが増えました。

コロナ禍の影響でテレワークが導入され、会えない、話せない、そんな環境で仕事をしている人が増えています。

オフィスにいれば、声をかけたり、電話をかけたり、会話することで解決できたことも、メールやチャットなど文字でコミュニケーションを取ることが多くなり、伝える難しさの壁にぶつかっている人もいるでしょう。

社外の人に電話をかけても「在宅勤務です」と言われてつながらないこともあり、メールを使う比重が大きくなっています。

「電話がほしい」とは言いにくく「それならメールを送ります」と返してしまうこともあるでしょう。

Ｚｏｏｍをはじめとしてビデオ会議システムの充実もあり、多くの企業がオンライン会議を導入しています。

１日５、６本の会議を渡り歩くといった人もいるようです。

移動時間が要らないので、会議を入れやすいという声も聞こえます。

テレワークが推奨される中、さまざまなツールに囲まれて、たくさんの選択肢を与えられています。

「オフィスにいるときは声をかけられるたびに作業を中断していたけど、それがなくなった」

そのような利点もある一方、課題も浮き彫りになってきました。

「絶え間なく続くメールやチャット、途切れなく入るオンライン会議に振り回されている」
「コミュニケーションに時間がかかっている」

そう感じている人も少なくないようです。

好むと好まざるとにかかわらずテレワーク時代に突入した今、従来のやり方はできなくなり、状況にあった働き方が求められています。

働くことの軸にあるのが「コミュニケーション」です。

今まさに、コミュニケーションの在り方があらためて問われています。

気軽に会えない、電話で話せない、そのような環境でコミュニケーションを取るために、書いて伝えることは、今後ますます増えるでしょう。

仕事で書いて伝える手段の代名詞ともいえるメールは、不可欠な存在です。

私はビジネスメール教育の専門家として、2005年からメールに特化した研修事業を営んでいます。

今まで2000回以上の研修やセミナーを実施し、のべ10万人以上の人にメールのコミュニケーションの極意を話してきました。

「使えて当たり前」といった空気をまとっているメールですが、「実は苦手」という人が多くいます。メールを当たり前に使いすぎていて「できている」と勘違いしている人もいます。

「自分のメールは大丈夫だ」と豪語する人が困ったメールを書いていることもあるようです。

できているようで、できていない。

それがメールです。

私が代表理事を務める一般社団法人日本ビジネスメール協会では、2007年から「ビジネスメール実態調査」というメールに関する調査を毎年実施しています。

日本で唯一実施されている、メール活用に関する定点調査です。

この調査でも、メールの送受信数は増えており、仕事での存在感を増していることが分かります。

メールをうまく使えば業務効率は飛躍的に上がり、使い方を間違えれば業務効率を著しく落とします。

これは、メールという道具だけの問題ではありません。

書いて伝えるか、話して伝えるか、アウトプットの方法が異なるだけで、本当に問われているのは自分のスキルの問題です。

本書では、テレワークでも円滑にコミュニケーションを取り、生産性を高めるメールの使い方を紹介します。

テレワークになり、コミュニケーションが難しいと感じている人、メールをうまく使いたいと感じている人、改善の突破口を探している人は、本書をメール活用のトリセツとして何度も読み返し、実践してください。

これまでに140万通以上のメールを処理した私の、時間短縮やコミュニケーションのノウハウをギュッと凝縮した一冊です。
本書を読み終え、実践することで、すぐに変化を感じるでしょう。
テレワーク時代のメールの新常識を紹介します。

2020年10月　吉日
一般社団法人日本ビジネスメール協会　代表理事　平野友朗

※本書で引用しているのは一般社団法人日本ビジネスメール協会「ビジネスメール実態調査2020」です。

テレワーク時代のメール術　目次

第3章 仕事を管理する メールコミュニケーション

第4章　主導権を握る　メール交渉術

装幀　井上新八
DTP　野中賢（株式会社システムタンク）
編集　高田ななこ（WAVE出版）
編集協力　直井章子
校正　東京出版サービスセンター

序　章

テレワークだからこそメールを活用

テレワークの肝はコミュニケーション

場所や時間にとらわれない働き方として注目を集めているテレワーク。

コロナ禍で在宅勤務に舵を取った企業も多いでしょう。

テレワークで行っている仕事はさまざまですが、置かれている状況に合わせて、柔軟に仕事をすることが求められているのは共通です。


働きやすい環境、働きやすい道具、いろいろな働きやすさの模索が始まりました。

あなたも意識していることがあるのではないでしょうか。

働きやすさを考える際には、自分だけが働きやすければいいというものではなく、共に働く相手の働きやすさも大切です。

なぜなら、互いに働きやすくならなければ、仕事はスムーズにいかないからです。

そこで肝となるのが**コミュニケーション**です。

距離が離れているので、テレワークでは特にコミュニケーションが鍵を握ります。

オフィス勤務なら同じ空間にいるので、声をかけて、面と向かって話ができます。確認したいことがあれば「ちょっといいですか？」と目の前に座る同僚に声をかければ済むことも多く、相談があれば「少しお時間をいただけませんか？」と口頭で説明したほうが早いこともあります。

取引先とは直接話して、認識のすり合わせをしたり、確認をしたほうが、誤解が防げることもあります。

私たちは日々、時間と空間を共にしてコミュニケーションを取っていました。

会話は、互いに話す内容だけでなく表情やしぐさ、声のトーンから「理解している」「納得している」「満足している」といった反応を得られます。

相手が誤解したらその場で訂正する。相手が気分を害したらすぐさま挽回する。そうして軌道を修正しながら意思の疎通を図ることができたのは、言葉以外からも読み取れる情報がいくつもあったからです。

テレワークは、自宅や施設、移動中や顧客先など、勤務先のオフィス以外の場所で仕事をします。そこにいるのは自分一人です。

そのため、オフィスにいるときと同じようにやり取りができません。

目の前に相手がいない中でやり取りをするのですから、いつもと勝手が違い、戸惑うことや、難しいこともあるでしょう。

コミュニケーションの難度は、どうしても高くなります。

それでも、コミュニケーションなしに仕事は成り立たないので、逃げることはできません。

ここで重要になるのが次の三つです。

「伝える」
「理解する」
「管理する」

テレワークになっても、コミュニケーションの本質は変わりません。

まずは、**きちんと「伝える」**こと。

仕事は伝えることから始まります。

物事の内容や事情を的確に捉え、その対応を考え、求める行動を伝えます。

正しく伝わらなければ望む結果は得られません。

自分の考えや感情を整理し、意見を分かりやすく伝え、仕事を進めるために発信します。


次に、**相手を「理解する」**こと。

コミュニケーションは一人ではできません。相手あってのものです。

相手から発信されたことを無視せず受け止め、内容や意味、気持ちを理解し、返事をするなどの処理をします。

相手の意見を聞き、求められている対応をします。


最後に、**仕事を「管理する」**こと。

自分が発信する、相手から受信する、その隙間を埋めるのが、管理です。

主体的に取り組み、周囲に働きかけて仕事を進めます。

その上で、進捗を管理できないと、期日までにやり遂げることはできず、求められる成果を出すこともできません。

仕事を進めることができなければ、結果的に評価を下げることになります。

タイムマネジメントやタスクマネジメントが求められるのは、そうした理由からです。

これらのコミュニケーションをメールで取るよう求められているのが、まさにテレワーク時代の今です。

メールで「伝える」「理解する」「管理する」

働く環境が変わっても、メールは使いますし、使う頻度も高まるでしょう。

メールでコミュニケーションが取れないと仕事に支障をきたします。

ストレスなくメールでコミュニケーションを取る上でも意識したいのが「伝える」「理解する」「管理する」という三つです。


メールで伝えるときに重要なのは「書き方」と「速さ」です。

情報に過不足があれば、質問や問い合わせがきて、やり取りは増え、時間はかかります。もし伝わらなかったときに「分からない相手が悪い」と責めても解決はせず、かえって火に油を注いで自分の立場を悪くするだけです。

そこで「伝わらないのは自分の書き方の問題でもある」と捉えることができれば道は開けます。他人や環境のせいにするのではなく、現状をよりよくしていこうという態度で臨むのが改善の近道です。

また、どんなに分かりやすいメールを作っても、時間がかかっていては、業務時間内に仕事を終わらせることができません。テレワークでも自分の時間を確保するために、速く書く工夫をしましょう。

「相手を理解すること」でメールの処理が変わります。

メールの処理は「メールを読み、求められていることに対応する」という相手あっての行為です。

求められていることと行っていることがずれていたら「そうではない」と言われ、どんなにスピーディに対応しても評価はされません。

上司からの指示に従ったのにダメ出しされてしまうとしたら、取引先からの依頼に対応したのに噛み合わないと感じるならば、それぞれの指示や意向をきちんと読み解けていない可能性があります。

仕事では相手を理解することが不可欠です。

仕事を管理するにはメールの「報告・連絡・相談」を徹底します。

テレワーク時代において、仕事の基本となる報告・連絡・相談は、より重要になってきます。

目の前にいれば、仕事をしている様子が分かるので気にならなかったことでも、テレワークになると何をしているか分かりません。

ちゃんとやっていることを正しくアピールできないと、仕事ができないレッテルを貼られます。

それは避けたいですよね。

口頭で済ませていたことを、文字で伝えることも増えるでしょう。

口頭ならニュアンスを汲んでもらえることがあっても、文字だと同じようにはいきません。伝え方にも工夫が必要です。

困ったら、口頭で伝えればいい、電話をかければいい。

それが、今までと同じようにはできなくなりました。

メールで済まさなければならないことも増えます。

文字で伝えることの難しさを痛感することもあるでしょう。

その中でも、生産性や成果を上げることが求められています。

自分と相手が同じ状況とは限らないのは、オフィスにいるときも、テレワークも変わりません。

でも、これからは、今まで以上に相手の状況に配慮して仕事を進める必要があります。

自分の都合と相手の希望は違うかもしれない。

どうするべきかを考えることは、コミュニケーション力を高めるチャンスに変わります。

これまで行ってきたことにプラスアルファの工夫をすることが生きてくるでしょう。

第 1 章

速く・確実に伝える
メールの書き方

メールに上手な文章は不要

本書はあえて、サンプルメールやフレーズをほとんど載せていません。これらは応用の上で参考になるものであって、それだけではうまいメールは送れないからです。

サンプルメールやフレーズを使ってメールが書けることと、メールを上手に使うことは違います。必要なのは、**学んだ知識を活用したメールのコミュニケーション力**であり、**自分の頭で考えて文章を書く力**です。

オリジナルのメールを書く力を身に付けましょう。

メールを使っていると、誰しもが上手なメールに憧れます。

メールが上手だと「コミュニケーションがうまく、仕事ができる」という印象につながり、仕事力のバロメーターにもなるからです。

ただ、上手なメールは、上手な文章とは違います。

例えば、気の利いたリマインダーが届いて「あ、忘れていた！　教えてくれてありがとう」という経験をしたことはありませんか。

私は、読者から「本を読みました。すごく役に立ちました！　この本で人生が変わりました」と嬉しいメールをいただくことがあります。

これらのメールは、確かに助かるし、心が動くものだと思います。

それは紛れもない事実ですが、そのメールが上手な文章かというと違うのです。

他の人が同じメールを読んだら、次のような感想を持つかもしれません。

「え？　これは普通のメールではないですか」
「どこがすごいのか、よく分かりません」

タイミングよく連絡がきて助かった、感想を伝えてくれて嬉しかったのは、その人に合った内容だったからです。

上手なメールというのは、文章のうまさではなく、**タイミングと内容（テーマ）の適切さで決まります**。

適切かどうかを決めるのは受け手です。

だから、いくら正しい日本語や敬語、美しいフレーズでメールを書いても、「これは素晴らしいメールだ」と自分では思っても、相手が読んで「いいね！」と思ってもらえなければ上手なメールとはいえません。

ビジネスメールに特別なことは要りません。

失敗がなく、相手を不快にさせない、仕事を前に進めるメールを、いつでも安定して送れたら十分です。

メールは、さまざまなコミュニケーションスキルが集約されているツールであり、相手のことを思い、思考を整理して、文章で伝える手段です。

どんなにたくさんの情報を持っていても整理できなければ、文章は作れず、いくらそれっぽいテンプレートやフレーズを手に入れても、相手に合った文章にできなければ伝わりません。

あなたは、どういうメールをもらったら仕事がしやすいですか？
どういうメールをもらったら嬉しいですか？
そして、自分がもらったら嬉しいメールを送れていますか？

メールは、相手の反応から、自分のメールがよかったか悪かったかを、確認できます。
受け取ったメールから気付きを得ることができます。
送っているメールを、受け取っているメールを、じっくり見てください。
メールには上達に役立つ情報が満載です。

送る目的を決める

メールを使うときに、その目的を考えていますか？

特に考えず書き始めているとしたら要注意です。

メールを書くこと自体が目的ではありません。

営業マンだったら商談をちょっとでも前に進める、事務スタッフなら事務処理を円滑に進める、上司なら部下に指示して作業を進めるなど、いろいろな目的があります。

メールを送って何をしたいか、それがメールを使う目的です。


「メールを送ったから、後は相手次第」

「メールで伝えているから、読めば分かる」

「分からなかったら、相手が聞いてくるだろう」


これでは相手任せの仕事になってしまい、自分で仕事を管理する、仕事を進めるとはいい難いです。まずは**なぜこのメールを書くのか**を考えてみましょう。

メールを使う目的は、報告、連絡、相談、依頼、苦情、営業など実にさまざまです。

・現状を伝え、指示をもらう
・打ち合わせの候補日を提示し、都合のよい日を選んでもらう
・相談をして、上司からアドバイスをもらう
・何をやってほしいか伝え、期限までに対応してもらう
・苦情を伝え、相手に改善してもらう
・製品の特徴を伝え、購入してもらう

こう具体的に挙げていくと、メールの目的がはっきりとするのが分かるでしょう。

これらの希望を伝えた後に、相手にしっかりと理解してもらったり、何かしら動いてもらったりすることがゴールです。

それが達成できた段階で、そのメールは意味があったと判断できます。

逆に、望む結果が手に入らないなら、メールを送る目的を果たせていないといえます。

上手なメールは、この「目的」にフォーカスして書かれているのです。

慣れるまでは、メールを書く前に意識して目的を決めてください。

そして、書き上がったメールを見て、その目的が達成できるかをチェックしてください。

慣れたら、目的の整理から表現するまでの一連の流れがスムーズになります。


営業マン向けメール研修で「このメールの目的は何ですか？」と参加者に聞くと、多くの人が「面会の約束を取り付けることです」と答えます。

「では、皆さんがこのメールを受け取ったらアポイントを出しますか？」と聞くと、皆一様に口を閉じてしまいます。

目的は分かっていても、それが表現されていないメールは少なくありません。

このずれに気付き、調整できるようになると、メールのスキルが高くなります。

営業メールでは、こうしたずれがアポ獲得率や成約率に影響を与えます。


会ってもらいたいなら、なぜ会いたいのか？

会うと、どんなメリットがあるのか？

いつ会いたいのか？

なぜ、そのタイミングで会うべきなのか？

このように、メールを書くときには「なぜ」を大事にしてください。

目的が伝われば相手は動く

「よいメールって、どんなメールですか？」


このような漠然とした質問を何度も受けてきました。

気遣いを重要視するなら、気遣いがあるほうがいい。

合理的な人にとっては、無駄な情報がないのがよいメールだといえるかもしれません。

私の中の一つの定義は「相手から質問が出ないくらい情報が網羅されていて、かつ無駄な情報が一切ない」のがよいメールです。

例えば、ビジネスメールの公開講座に誘う目的で、次の七つの項目を書いたメールを送ったとします。

「その講座は、いつあるのか」(when)
「その講座は、どこであるのか」(where)
「その講座は、誰が話すのか」(who)
「その講座は、誰が対象なのか」(whom)
「その講座は、どんな内容なのか」(what)
「その講座は、どうやって申し込むのか」(how to)
「その講座は、いくらなのか」(how much)

これらの項目をしっかり書けば集客という目的は達成できそうですが、実は重要な情報が欠落しています。
それが次の項目です。

「その講座に、なぜ参加する必要があるのか」（why）

理由に納得ができなければ、そこにメリットがなければ、人は動きません。

それは誰しもに共通します。

だからこそ「なぜ」が大切なのです。

相手が知りたい、判断するのに必要な情報が欠落している場合、相手の反応は質問するか無視するかの二つに分かれます。

正直、どちらもマイナスです。

相手から何度も質問がきたらどうでしょう。

回答をメールでするなら、また書かなくてはいけません。

手間がかかって「なんで分かってくれないんだ」と思うかもしれません。

しかし、書き手がちょっと気を回せば発生しなかった質問も多いのです。


返事がもらえない（相手が動いてくれない）場合は、相手を動かすのに必要な情報が欠落していないか考えるべきです。

メールを書くときには、情報不足にならないように、相手から質問されそうなことはあらかじめ書いておきます。

理解してもらったとしても、そこに理由（why）がないと、相手が正しい判断をできないかもしれません。

「なぜ、自分がやらなくてはいけないのか」
「なぜ、このタイミングでやらないといけないのか」

今まで多くのメールを見てきましたが、仕事の進め方が上手な人は先回りして、こういった情報を書いています。

受け取る相手によってはメールでいちいち質問するのは面倒なので、質問せずに勝手に予測して、誤った判断をされる可能性もあるのです。

相手が正しい判断をして行動するのに必要な情報を提供する。

メールの目的を達成する要素の一つが「なぜ」です。

具体的に書けば誤解は生まれない

メールは相手の顔が見えないコミュニケーションツールです。それ故に、自分の都合のいいように好き勝手に解釈してしまう傾向があります。

対面ならば、相手が誤解しているとその場の雰囲気で何となく分かります。会話を続けていくうちに話が噛み合わなくなったりしていくのです。

しかし、メールの場合は、相手の理解をその場で確認することができません。

例えば、あなたは営業マンだとしましょう。

上司からのメールに「今週は10件の訪問でしたね。来週はもっと頑張るように」と書かれていたとします。

あなたはもっと頑張らなくてはいけないと感じ、上司に対して「来週はもっと頑張ります」のように返信します。

そして、その言葉通り、翌週は13件訪問したとします。

3件も増えたのですから、褒められて当然だと感じるでしょう。

しかし、結果はその逆で「なんで13件しか回れないんだ！ 頑張ると言っただろう」と怒られました。

これは、誰が悪いのでしょう？


私からすると、これは両方とも悪いのです。

部下が自分で言った「頑張る」という言葉は、「今週より1件でも増えればいい」という意図があります。

一方、上司は「今週より大幅に増やしてほしい。『頑張る』とやる気を見せているから15件は訪問するだろう」と期待をしています。

つまり、両者が使っている言葉の定義が異なるので、全く噛み合わなくなるのです。

メールには、曖昧な言葉を使いがちです。

送信者の中には曖昧な言葉を使うことで、自分の逃げ道を用意しようと考える人もいます。

受信者の中には曖昧な言葉を自分の都合よく解釈する人もいます。

でも、結局は「言った、言っていない」の議論になるのです。

相手が「頑張ります」のような曖昧な言葉を使った場合、次のような質問をして認識のすり合わせをします。


「頑張るというけど、具体的に何社くらい訪問できそうですか？」

「頑張るということは、15社は訪問できますよね」


このように、曖昧な言葉を具体的な言葉に変換することによって、互いに誤解があるのかどうか確認できます。

やる気を見せたい場合には「13件回れるように頑張ります」と、具体的な数字を出すことにより、達成・未達成が分かりやすくなる上に「目標を具体的に立てられる人だ」と評価されるのです。


コミュニケーションの行き違いは、言葉の解釈の違いから生まれることが多いのです。

特に表情の見えないメールでは、厳密な言葉の使い方が好まれます。

厳密な言葉に置き換えることで「件数の理解が異なっているようです。私は13件でもいいと思っていたのですが、15件の訪問が必要でしょうか」と互いの考えを確認することができます。

通常、曖昧な言葉を使っていたほうが、その瞬間のストレスは生まれにくいのです。今すぐ議論するより、「たぶん大丈夫だろう」と思って結論を先延ばしにするのを人は好みます。今、波風を立てるんだったら、何も起こらない未来に賭けようと思うのです。


しかし「たぶん大丈夫だろう」が外れた経験、ありませんか?

その都度、自分の正当性を訴え、かえってストレスを増してきたのではないでしょうか。

不確かな可能性に賭けるよりも、厳密に言葉を操ったほうが誤解は生まれにくいのです。

曖昧な言葉を使ってトラブルが起きたときに後付けで「聞いていない」「そんなつもりではなかった」と言うのは非常にたちが悪い。

そのような人に対しては、徹底的に「厳密な数字」を出してもらうようにしましょう。

メールに時間をかけすぎない

「普段なら電話で済む用件だけど、テレワーク中だからメールにした」

「いつもなら声をかければ済むのに、メールを送らなくては」


いろいろな理由から、メールを送る機会が増えています。

正直、この傾向に歯止めはかからず、短時間でメールの読み・書きができることが、仕事を効率的に進めるポイントになるでしょう。

同じオフィスにいたら、ちょっとしたことも口頭で確認できます。

しかし、相手が何をしているか把握しにくいテレワーク環境になると、メールで正しく伝えて確認するという場面が増えます。

メールの量が増えるなら、速く書くスキルは必須です。

メールに費やす時間を減らしたければ、**文章を考える時間**と**入力する時間**の両方を削減しましょう。単語登録やテンプレートを使えば、入力する時間が短くなるので、メール作成の時間を大いに短縮することも夢ではありません。

ただ、入力する時間よりも、**文章を考える時間のほうが長いことが多い**のです。

私は「ビジネスメール実践ライティング講座」という、実際にメールを書いてもらい添削する公開セミナーを毎月1、2回開催しています。

ここで皆さんの様子を見て、メールの作成に予想以上の時間がかかっていることを知り非常に驚きました。

メールを作成するテーマは「入金のお礼を伝える」「申込が完了しているかを確認する」「アドバイスを求める」など実にシンプルです。

慣れている人なら3分もあれば書けると思っていたのですが、10分や15分を費やしている人も少なくありません。

1通15分もかかっていたら、1時間で4通しか送れません。

経営者や上司からしたら、生産性が低すぎると判断されかねません。

よいメールを送れたと思っていても、時間がかかりすぎれば評価されません。

業務時間には限りがあり、メールを書くことだけが仕事ではないからです。

メールを速く書くにはコツがあります。

速く書くために型を使う

メールの作成が遅い人は、素早く入力しても、それを消し、また書いては消し……これを繰り返しているのです。

とりあえず書いてから考える、手を動かしてから狙いを定めることもできますが、非常に効率が悪くて時間がかかります。

速く書くためには思考の速度を上げるしかありません。

書いては消して、を繰り返さないためにも、まずは**メールの基本の型**をおさえましょう。

型とは、次の七つの要素で構成されているメールの枠組みです。

宛名　相手の会社名や名前を正確に書きます。敬称の付け忘れに注意。コピー＆ペーストをして、誤字のないようにしましょう。
挨拶　「お世話になっております。」や「お疲れ様です。」など状況に合った挨拶をします。ビジネス文書とは違うので拝啓や時候の挨拶は要りません。
名乗り　自分の所属や名前を書きます。自分がどこの誰であるかを伝えます。
要旨　メールを送る目的や主題を示します。
詳細　要旨の根拠や理由などを書きます。箇条書きを駆使して見やすく書きましょう。
結びの挨拶　挨拶でメールを締めます。
署名　自分の連絡先を書きます。ちょっとしたＰＲもできます。

この順番でメールを書きます。

ビジネスメール効率化講座のご案内

○○株式会社
山田太郎様　　宛名

お世話になっております。　　挨拶
一般社団法人日本ビジネスメール協会の平野です。　　名乗り

お問い合わせいただいたセミナーについてご連絡します。　　要旨

■講座名：ビジネスメール効率化講座
■日時：2021 年 11 月 5 日（金）10:00 ～ 12:00
■場所：一般社団法人日本ビジネスメール協会
　　　　セミナールーム
■参加費：16,500 円（税込）
■持ち物：名刺、筆記用具

お申し込みはメールで受け付けております。
ぜひご参加ください。　　詳細

よろしくお願いいたします。　　結びの挨拶

一般社団法人日本ビジネスメール協会
代表理事　平野友朗
TEL　00-0000-0000
Mail　000000@000.co.jp　　署名

この型を使うメリットが二つあります。

一つ目は、**読み手にとってのメリット**です。

多くの人がその型に沿って書いているので、どこを読み飛ばし、どこを熟読するかが瞬時に分かります。

宛名を見て瞬時に自分宛てかどうかを考え、どの程度真剣に読むかを決めます。

挨拶や名乗りは、ないと気持ちが悪いけど、あっても読み流す。

そして、要旨を読むことで、全体像を把握し、重要度を判断します。

詳細は、伝えたい一番の情報なので熟読する。

結びの挨拶や署名も、定型なので読み流す。

この型に沿っていないと、強弱を付けて読めません。

どこが大事か分からないから、主題を探して隅から隅まで集中して読まなければならないので疲れます。

この本だってそうですよね。

目次があるから全体像を把握でき、章ごとに分かれているから章の主題が理解できます。

さらに、節に分かれているから、このページで言いたいことが分かる。

これは書籍の構成として当然ですが、これがなかったら、読んでも情報が頭に入ってこなかったり、理解が浅くなったり、イライラしたりするはずです。


二つ目は、**書き手にとってのメリット**です。

型があると書きやすくなります。どこに何を書けばいいか分かると迷いません。

型がないと「冒頭は何を書いたらいいんだろう」「挨拶は何を書こうかなぁ」「次は何を書いたらいいんだろう」と書く順番で頭を悩ませます。

「そもそも挨拶って必要なの？」と考え始めたらきりがありません。


ある程度の決まった手順があるから、考えなくてもいいこと、考えるべきことに分けることができ、時間をかけてもいい箇所に集中できます。

考えなくてもいいことが何かを決めるのは合理的なのです。

この「型」というのは、メール界の交通ルールのようなもの。
みんなが意識せずにやっている暗黙知のようなものです。
「挨拶なんか時間の無駄だ」と思っても、相手が同じように考えるとは限りません。
「挨拶はあったほうが自然」と考える人からしたら、挨拶がないと違和感を覚えます。

情報を減らすことが、重要なのではありません。
速く読めて、速く理解できて、早く返事をしたいと思えるようにするため、メールを受け取った相手にとっての違和感を一つでもなくすべきなのです。

短文で書く癖を付ける

私はセミナーで「一文は短く、50文字以内」と、しつこく言い続けています。これだけで、相手の誤解も減るし、推敲していても言い回しの変更がしやすいので、いいことばかりなのです。

セミナーの受講生は、上手な文章の書き方を学びたいと考えていますが、メールの文章は小説やエッセーのように凝った文体や味わい深さは必要ありません。

メールは、**パッと見て一瞬で構造が分かり、理解できるのが理想です。**

読み手に内容を理解してもらい、納得してもらうことを目的とするので、上手な文章ではなく、理解しやすい文章にするのが作成のゴールです。

さらに、仕事の時間は限られているので、しっかり読まなくても、ざっと読んで分かるメールが求められています。

メールの添削をしていると、一文が150文字から200文字という強者に出会うことがあります。

そのような人に、書き直すように伝えると、ほぼ全員が一文で書き直そうとするのです。200文字の文章を200文字で書き直すことがどれだけ大変か、想像に難くないでしょう。

長文になると、何を表現しようとしているのか、文章の意味をつかみにくくなりがちです。主語と述語や、何が何を修飾しているのか、係り受けが分かりにくくなります。

メールを作り上げている七つの要素の組み合わせ（メールの構造）と一文の係り受けの関係（文章の構造）の二つの「構造」を意識することで、メールは読みやすく、理解しやすいものになります。

そもそも、なぜ一文が長くなってしまうのでしょう。

伝えたいことが整理されていない、思いつくままに書いている、一つの文で複数の内容を述べているなど、理由はさまざまです。

一文の長さを意識せずに接続助詞で次から次へとつなげると、文は際限なく長くなります。

接続助詞で特に多いのが「〜が」「〜で」の二つ。

文章がダラダラと続いて伝えたいことが見えないときは「〜が」や「〜で」を過度に使って文が長くなっている傾向にあります。

両方とも意味の切れ目で文を切って「〜です。」や「〜ます。」に変え、文章を分けます。

これによって、一文が短くなり構造がシンプルになります。

そして、**一文の長さは50文字以内**を目安にします。読むのが楽になり、情報が頭に入ってきやすくなります。

一文が短いと係り受けの関係が単純になって文章の構造が分かりやすくなるため、語句を入れ換えたり、言い回しを変えたり、文章を練り直すのが簡単になります。

ただ、文章を短くしただけで「〜です。」「〜です。」「〜です。」と同じ語尾が続くと、単調で読みにくくなります。

語尾の繰り返しを避けて変化させると、リズムが生まれて読みやすくなります。

長文メールはレイアウトにこだわる

メールはコンパクトにまとめるのが一番ですが、どうしても長くなることもあります。

・手続きの手順を教える
・全体像を細かく説明する
・今までの経緯を報告する

これら全ての情報を一通のメールで伝える必要がある場面なら、情報不足がないように、長くなるのは仕方がありません。

まとまった情報を伝えるなら、**ファイルにまとめて添付するか、記号を駆使してメール本文のレイアウトを工夫するか**という二つの方法があります。

ワードなどを使い、見出しを付けたり、重要な箇所に下線を引いたり、箇条書きにしたりして、ソフトウェアの持つ装飾機能なども使って、見て分かるような形に整えて文書を作成します。

こうして作成した文書をメールに添付すれば、メールが長文になることはなく、詳細は添付ファイルを見てもらえばいいので、パッと見て全体像がつかみやすくなります。

印刷するようなドキュメントなら、ワードで作成し、パソコンで見てもらうのを前提としてもよいでしょう。

ただ、ワードなどで作ったドキュメントは、一部の携帯端末では開けない可能性があります。開けたとしても、レイアウトが崩れていて読みにくかったり、誤解を招いたりする可能性もあるので、ＰＤＦに変換して送るとリスクは少なくなります。

いずれにせよ添付ファイルを開くのは受信者にとって手間になるので、メール本文で全てを伝えたほうが親切なこともあります。

ドキュメントにまとめて添付するのがよいのかも、目的によるのです。

文章のみで伝えられるなら、長くなってもメールで送ったほうが喜ばれます。

長文メールを書くとき、参考になるのがメールマガジン（以下、メルマガ）です。

メルマガは、メールにおける雑誌のようなもので、話題ごとにコーナーに分かれていて、比較的、長文のものが多いでしょう。

ＨＴＭＬ形式でＷＥＢサイトのような装飾されたものでなく、テキスト形式のメルマガのレイアウトが参考になります。


メルマガは、行間を取るだけでなく、罫線や記号などを使って、内容をいくつかに分けて区切り、どこに何が書いてあるかが見た目にも分かるように全体を成り立たせています。

内容が一見して分かるように、本文の前で要点を簡単な言葉で示す「見出し」を効果的に使っています。

例えば、「けいせん」と入力して変換したら出てくる太い罫線「━」で区切った項目を大見出しに、マイナスの半角「-」を連ねて区切った項目を中見出しに、「■」「●」「◎」などを小見出しにする。

これによって、全体像を捉えやすくなり、必要なところだけ読めるようになります。

興味のない部分や必要のない部分は、読まないで済むのです。

■大見出し

中見出し

◎小見出し①

◎小見出し②

メルマガは「読みにくい」と思われたら、読者が離れていきます。

一目見て、興味のある部分や必要な部分が目に入らないと、一文字ずつ読んで内容を把握し、多くの文字の中から求めている情報を見つけ出さなければなりません。

読むのに時間がかかるので、読者が離れていく原因にもなります。

なので、読者の立場に立って読みやすさや分かりやすさを追求し、独自の進化を遂げているのです。

私は『毎日0・1%の成長』というメルマガを、平日日刊で配信しています。

メルマガを読んだことがない人は、この機会に登録してみてください。

このメルマガの執筆は、長文を構造的に見せたり、文章を書いたりするいいトレーニングになっています。

箇条書きを駆使する

箇条書きというのは、コミュニケーションの効率を上げるための発明なのではないかと思うことがあります。

今まで、いろいろな人のノートを見てきましたが、箇条書きを使える人は、頭の中が整理されているようにも思います。

一方、整理されていない人は、メモを全部文章で取っているのです。

Aさんのメモ　ポテトサラダを作るからマヨネーズを買ってくる

Bさんのメモ　マヨネーズ

マヨネーズという単語を見ただけで、ポテトサラダを作るための買い物だと思い出せるなら、この単語だけでメモは十分なのです。

これは相手に対しても同様です。

単語を見せただけで理解できるなら、それ以上の余計な情報は不要です。
不要な情報はノイズになり、正しい理解を妨げます。
重要なのは、**要らないことまで書いて論点を外さないこと**です。

研修の現場で「敬語が苦手なので、メールが苦手です」という声を聞くことがあります。敬語が苦手だからメールが書けないなんてもったいない。敬語をその都度調べて時間をかけるなんてもったいないです。

敬語で表現することに、こだわる必要はありません。

全てを文章にしようとすると敬語に悩むことも増えるでしょうが、箇条書きにできるところは箇条書きにして、その前後を丁寧語で書くだけでもメールは完成です。

正しい敬語を用いることは前提ですが、行きすぎた敬語の使用はかえって読みにくく、理解しにくい文章になる傾向があります。

まずは、箇条書きにできるところを箇条書きにします。

「気になる箇所を全て書き出しました」
「必要だと思うものを全て書き出しました」

箇条書き初心者なら、このように前置きして、思いつくもの全てを項目に分けて書き並べるだけでもよいでしょう。

文章で伝えるよりは、全体像を読み取ってもらいやすくなります。

項目を並べて書くのに慣れたら、次のようなルールで箇条書きすることに意識を向けてください。

・同列の情報を並べる
・規則的に並べる
・表現をそろえる
・関連する情報を近くに置く

次の箇条書きには違和感があります。気付きますか。

ビジネスメール効率化講座のご案内

○○株式会社
山田太郎様

お世話になっております。
一般社団法人日本ビジネスメール協会の平野です。

お問い合わせいただいたセミナーについてご連絡します。

■講座名：ビジネスメール効率化講座
■日時：2021 年 11 月 5 日（金）10:00 ～ 12:00
■場所：一般社団法人日本ビジネスメール協会
セミナールーム
■参加費：16,500 円（税込）
■持ち物：名刺、筆記用具
■次回の日程：2021 年 12 月 14 日（火）15:00 ～ 17:00

お申し込みはメールで受け付けております。
ぜひご参加ください。

よろしくお願いいたします。

この箇条書きは、ビジネスメール効率化講座の11月5日（金）開催についてまとめているので、この日に関する情報を項目として並べます。

それなのに、その次の予定まで項目に入れているので違和感を与えます。

その次の予定にも触れたいなら、箇条書きには加えず、関連する情報として近くに置きます。

「今回ご都合がつかない場合は、12月にも開催しますので、ぜひご参加ください。次回は、2021年12月14日（火）の予定です。」と文章で補足すればいいのです。

致命的な誤字脱字を防ぐ

敬語や言葉遣いなど文章の正しさにとらわれすぎていませんか。

この言葉でいいのか、この日本語で恥ずかしくないか。

そこに目を向けるのはもっと先の段階です。

メールには、致命的な誤字脱字と致命的ではない誤字脱字があります。

例えば、助詞（てにをは）が抜けていても、相手が補完して読んでくれるので意味に影響を与えず、大事には至らないこともあるでしょう。

「一般社団法人日本ビジネスメール協会の平野です。」と書くべきところを「一般社団法人日本ビジネスメール協会　平野です。」と助詞が抜けていても、意味は伝わります。

研修の現場で「誤字脱字に気をつけましょう」と言うと、このような間違いばかりに目が向いてしまう人がいますが、これは優先順位の低い間違いです。

重要なのは、**致命的な誤字脱字をなくすこと**。

それができてから細かい箇所に意識を向ければいいのです。

「絶対に間違ってはいけないメールの致命的な誤字脱字って何でしょう？」

この質問に答えられない人は要注意です。

取り返しがつかないほど大きなミスと、取るに足らない小さなミスの区別がついていないので、メールの全ての要素が同じくらいの重さになっています。

それだと、どこを重点的に見ればよいか分からず、チェックに時間がかかり、不要なところにまで手を入れることになります。

確認する際には**ミスが致命的な問題に発展するか**という観点に立って行います。

私が重点を置いてチェックするのは、次の箇所です。

- 人名、会社名
- 製品名などの固有名詞や型番
- 金額
- 数量
- 日付

一文字ずつ入力していると、打ち間違いや誤変換が起こります。

人名はコピー&ペーストすることをオススメします。相手の署名や送信者名をコピーすれば間違えません。

会社名を入力して間違えるくらいなら書かないほうがいいし、関係ができていれば、会社名を書いていなくても失礼には当たりません。

そのため、私は初対面ではない2回目以降のメールは、会社名を省くことも多いです。

製品名やサービス名を間違えられると、こちらに対する関心や敬意が感じられず、失礼な印象を受けます。

相手の製品やサービスの名称は、WEBサイトやメールに記載されているのをコピー&ペーストが無難です。

自社の製品やサービスであれば、単語登録しておくと便利です。

金額の間違いは最も致命的です。

一桁多くても少なくても、問題になります。

仮に10000円のものを1000円と書き間違えて販売した場合、売買契約が成立した後なら差額分を払ってもらえない可能性が高いでしょう。

もし三桁ごとにカンマを打っていれば、桁の間違いには気付きやすくなります。

メールの本文に金額を書いて料金を伝えることがあるときは、特に注意が必要です。

日付の間違いも比較的頻繁に見かけます。今月の話をしているのに、来月のカレンダーを見ていて間違った日にちを指定してしまうのです。

日付と曜日はセットで記載すると、間違いに気付きやすくなります。

もし、気付けなくても、日付と曜日が合っていなければ、相手が指摘してくれる可能性は高いでしょう。思い違いから生まれるトラブルの回避につながります。

間違いを恐れていたらメールは書けなくなります。

正しさにとらわれるのではなく、**致命的なミスを防いで、ミスを最小限におさえるため**に手を尽くします。

ミスが増えたりトラブルになったりすると、火消しに時間がかかり、信頼を失いかねません。

ミスは誰にでも起きるものだからこそ、その前提で拡大しないように予防すべきです。

相手の頭の中の辞書を予想する

人は、頭の中に辞書のようなものを持っていて、そこに収録されている既知の言葉なら、そのまま理解できます。

未知の言葉だったら、調べるか、予測するか、無視するか、それぞれ対応は異なります。

相手にとって未知の言葉を使うと、正しく伝わらないリスクがあるのです。

私は、研修の現場で「レッツノート（Let's note）とは何のことだと思いますか？」という問いをよくしています。

本書を読んでいる皆さんの中にもレッツノートのユーザーや、周囲を見渡すと使っている人がいるかもしれませんね。

レッツノートは、パナソニックのモバイルパソコンです。

でも、レッツノートを知らない人からすると、言葉だけでは何のことか分かりません。

「レッツノートは、やる気の出るノートだろう」「次世代のノートのことかもしれない」

と予測をしながら文章を読んでいき、そこに大きな矛盾がなければ誤解してしまうのです。

すると、すれ違いコントのような、おかしな事態が生まれます。


メールを書くときには、相手の頭の中の辞書にあると思われる言葉を選びましょう。

そのためにも、相手の立場に立って考えて、レッツノートを知らない可能性があるなら「ノートパソコン」や「モバイルパソコン」と表現すればいいのです。

レッツノートを強調したいなら「ノートパソコンのレッツノート」と説明を加えてもいいでしょう。

ある人はレッツノートを「ラップトップ」と言い換えました。

ラップトップはノートパソコンの別称ですが、そのことを知っている人はノートパソコンを知っている人より少ないと思います。

このとき、私はラップトップという言葉を3年ぶりくらいに聞きました。

自分の頭の中にある言葉が、一般用語なのか、専門用語なのか、どのくらいの人が知っているのか、常に考えて使うようにしましょう。

相手が知っている言葉を使うというのは、コミュニケーションの鉄則です。

対面ならば、相手の表情を見て推測ができます。

首を傾げたから分からないようだ、左上を見ながら考えるそぶりを見せたから知らない言葉だというように、相手の態度から反応が分かります。

それを見て、私たちは、小さな手がかりをつかみながら調整を加えてコミュニケーションを取っているのです。


しかし、メールにはそのような手がかりがありません。

そのため、相手が知らないかもしれないという前提で言葉を選択するべきなのです。

メールを書くときには、相手が知っている言葉を使う。

さらに、曖昧な言葉を使わず、解釈の余地をなくすことも重要です。

第 2 章

振り回されない
メール処理の仕方

不安になったら「かもしれない」を考える

「メールを送っているのに、なんで返事をくれないんだろう」


テレワークで面会や電話ができず、このような思いが頭をよぎったら、危険な兆候です。

自分本位に考えていて、相手のことを考えられていないからです。

これでは対立を招き、仕事が前に進まない状態に陥ることでしょう。


メールを当たり前に使っていると、送ったら必ず届く、相手は読んでいる、返事はすぐにするものだ、という思い込みがあります。

これは単なる思い込みであり、事実とは限りません。

そもそも、何のためにメールを使うのでしょう。


「コミュニケーションを取るため」

「伝えたいことを伝えるため」

「記録に残しておくため」

「相手がメールを使っているから」


いろいろな回答が聞こえてきそうです。

しかし、ここで最も重要なのは**仕事を前に進めるため**です。

生産性を高めて、会社の利益に貢献するためにメールを使っています。

なんとなくメールを使うのではなく、なぜメールを使うのか。

目的を明確にすると、必要なことが見えてきます。


メールは、コンピューターネットワークやインターネット上で送受信する道具です。

通信経路のどこかで行方不明になることもあります。

どちらが悪いわけでもなく、不可抗力により届かないこともあるのです。

もしかしたら、送信したメールが受信側のメールサーバーでブロックされているかもしれません。

届いているけど、目に入っていないのかもしれません。

そんなときに「メールを送っています」と言い張って、受け取れていない相手を責めるような言動をすれば「届いていないのに失礼な人だ」と気分を害するでしょう。

原因を自分以外に求めて、自分の行いを正当化し、相手を責めてしまう。

その行き着く先は、ただの不和です。

メールが届かない原因は、複数あります。考えられるものを並べてみましょう。

《送信者側（自分）》
・宛先（メールアドレス）が間違っている
・送信したつもりが下書きに入ったままになっている

《受信者側（相手）》
・迷惑メールフォルダに振り分けられている

・受信者のメールサーバーでブロックされている

そもそもメールを送れていないのかもしれない。

送れたけど相手が気付かずにいるのかもしれない。

メールは届かない（見落とす）可能性があるという前提を認識すると、相手を責める行為がいかに危険か分かります。


「メールをちゃんと読んでください」と相手の理解力を疑うのも、分からない相手が悪いと責めています。

相手に分かるように書いていれば、分かってもらえます。

分かるように書けていないから、正しく伝わらないのかもしれません。

メールの返信がないときにも相手を責めてはいけません。
返信が届かない原因もあるからです。

《送信者側（自分）》
・相手は返信したけれど受け取れていない
・相手の返信が迷惑メールフォルダに振り分けられていて見落としている
・返信を開封して既読になり、忘れている

《受信者側（相手）》
・読んだけど、返信が必要だと思っていない
・今から返信しようと思っていたところ
・返信するつもりで忘れている

相手は、メールを読みたくないわけでも、返事をしたくないわけでもありません。
仕事に必要であれば、対応する気持ちはあるのです。
思う通りにいかないときは「かもしれない」で考えてみましょう。

コミュニケーションを誤った方向へ誘導する「決めつけ」から解放するのが「かもしれない」という言葉です。

思い込みや決めつけで失敗しない方法

思い込みや決めつけで相手を責めず、状況を正しく判断することでしか、誤解は防げません。

メールが届いているかを確認したければ、**メールを送ったことを伝えます。**

「〇〇の内容でメールをお送りしました。ご不明な点はありませんか」

「〇〇の件でメールをお送りしたので、ご確認をお願いします」

メールが届いているか、読んでいるか、返事をしたかを確認するのではなく、メールを送っていることを伝えて注意を引きつけるのです。

メールが届いていれば「しまった、忘れていた。確認しよう」「そうだった、返事をしよう」と腰を上げます。

メールが届いていなければ「メールはきていませんよ」と相手から連絡があるでしょう。相手が見逃していたとしても、忘れていたとしても、確認を入れた後で返事がくれば、そこから仕事は前に進みます。

メールの返事がこないと仕事は止まったままです。

仕事を前に進めるという目的から外れなければ、解決策は一つではありません。

ここで返事がなければ、メールが届いていない可能性が高いので、電話をかけるなど手段を変えて確認します。

人は誰しも自分以外のものを決めつけてしまう傾向があります。

先入観や思い込み、期待や願望、過去の経験や他人からの影響などにより「こうだろう」「こうあるべきだ」と考えてしまいがちです。

都合のよいことだけ信じ、都合の悪いことは受け入れず、判断してしまうことがあるのです。

人はそれぞれ異なるもの。価値観の違い、経験の違いがあるので、一方的に断定することはできません。

それなのに、決めつけてしまうときは、どんなときでしょう。

相手の気持ちを想像できていないとき、相手の立場や状況を考えられていないとき、自分の見方を疑えていないとき、自分は正しいと思いたいとき、余裕がないとき、いろいろあります。

決めつけたつもりはない場合もあるでしょう。

でも、決めつけられたほうは気分が悪く、決めつけから関係がギクシャクしてしまうこともあります。

決めつけてしまいそうになったら「かもしれない」という言葉を唱えてください。

「かもしれない」と考えて、自分の問題と相手の問題を分離します。

自分の問題は、相手のせいにはできません。まずは自分のことから解決します。

相手の問題は、相手が問題に意識を向けるように促すことしかできません。

さまざまな可能性を考慮して、最善の方法を取りましょう。

1分でメールを処理する

メールの高速化に取り組むなら**簡単なメールは1分以内で返信できるようにしましょう。**

私は毎日、200通から300通のメールを読み、50通から100通くらいのメールを送信しています。

それだけたくさんのメールを処理しても定時に帰れるのは、処理のスピードにこだわっているからです。

以前は、メールの処理が終わらず残業ばかりしていました。

メールの処理に時間を奪われ、毎日、仕事が滞っていました。

それをなんとか解消するために、1秒でさえも、どう削るのか模索し続けてきました。

この本に書かれているのは、その努力の結晶です。

メールの処理速度を上げるには、次のような高速化が必要です。

・速く読む
・速く理解する
・速く判断する
・速く文章を考える
・速く入力する

この中で自分が弱いと思う箇所を見つけて、徹底的に鍛えてください。

強弱を付けて読むと、速く読めます。

細かく読むところと、大まかに読むところを区別するのです。
必要なところ、興味や関心のあるところは理解するという気持ちで読み、それ以外は読み飛ばします。

これらは、自分の力だけではできません。

細かく読むところと、大まかに読むところが分かるようにメールが書かれていないと区別はできないからです。

受け取るメールが上手であれば速読はできます。

速く読みたければ、上手なメールを受け取れるよう、上手なメールを送るのが先です。

あなたが送るメールが読みやすくて、理解しやすいものであれば、相手はそれを手本に改善することが期待できます。

その結果、あなたのもとに上手なメールが届くようになり、速読ができるようになるのです。

速く理解し、判断できるようになりたければ、**即断即決を習慣にします**。

飲食店で注文するときは10秒以内に決めるなど、普段から意識することで、判断力が養え、スピードも上がります。

時間をかけて判断しても、結論を出すのを先延ばしにしても、初めに出した結論と同じだったということは珍しくありません。
時間をかけすぎても何もいいことはありません。
速く決断する、速く手放すなどの努力をしていきましょう。

習慣の力で自動処理できる

仕事は、頭を使うところと、頭を使わないところのメリハリが必要です。
朝から夜までずっと頭をフル回転させていたら、あっという間に脳がガス欠を起こします。考えるべきところは考え、考えなくていいところは、**習慣の力を使って自動処理をしましょう。**

本書では、仕事のパターンを決めることを推奨しています。
例えば、私は毎朝9時までに、たまっているメールの処理を終えるようにしています。
それによって、毎日気持ちのよいスタートが切れています。

業務中に思い付きで未処理メールが気になることは全くありません。

いつもパターンで仕事をしているので、いつ何をやるべきかが決まっています。

当たり前のことを、ただ当たり前に行うという習慣があるから「今やったほうがいいかな」「あれは終わっていたかな」と頭を悩ませる必要がなくなるのです。


もちろん、初めのうちは意識しないとできません。

朝9時までにメールを処理すると決めて、それを毎日繰り返し、時間内にメール処理をしないと気持ちが悪いくらいになれば習慣が定着した証しです。


習慣の力は、即断即決にもつながります。

受信者が複数いるメールを返信するとき、送信者のみに返信するのか、全員に返信するべきかを考えるのは時間の無駄です。

私は、いつも「全員に返信」ボタンを押して返信しています。


一対一のメールであれば「全員に返信」を押しても送信者へ返信がいくし、受信者が複数いれば言葉の通り全員に返信がいきます。

共有すべきだからTOやCCに入っているのに、全員に返信しなければ共有が止まってしまいます。

その都度、判断するのではなく、**基本は「全員に返信」ボタンを押す。**

さすがに、通達メールのような一斉送信は、送信者のみに返信するようにしていますが、シンプルなルールを作って従う習慣があれば、例外にも的確に対応できるようになります。

マイルールがあれば、悩む時間を大幅に短縮できます。

メールを処理するたびに、あれこれと思い悩むのは非効率です。

自分なりのルールを模索して運用する。

うまくいかなければ、そのルールを改め続ければいいのです。

冒頭に挨拶を書くときも、パターン処理をしています。

・初めての挨拶なら「はじめまして。」「お世話になります。」
・やり取りをしたことがある人なら「お世話になっております。」
・お世話になっている頻度が高いなら「いつもお世話になっております。」
・お世話になっている程度が大きいなら「大変お世話になっております。」
・お世話になっている頻度が高くて、程度が大きければ「いつも大変お世話になっております。」

このように挨拶をいくつかのパターンに分けて持ち、状況に合ったものを選んでいます。

パターン処理をするというマイルールに従って仕事をすると、無駄がなくなります。

メールはパターン処理と、とても相性がいいのです。

ただし、唯一の正解はありません。

パターンに分けて検討して判断した結果、何かしらのエラーが発生したら、自分のルールを見直します。

問題がないなら現状維持、問題があるならひたすらルールを改善する。

単純な運用ですが、それで効率は飛躍的に上がっていきます。

業務時間外メールはNG

メールは３６５日、24時間フル稼働。

世界中をつなぎ、時間や距離を問わず、送受信できます。

メールをやり取りして仕事を進めることは多いので、誰もがスムーズな進行を心がけています。


「早く返事をしたほうがいい」

「メールを自分のところで止めたくない」


このように思うことはありませんか。

責任感を持って、主体的に仕事に取り組んでいる人ならば、なおさら強く感じるのではないでしょうか。

メールはパソコンだけでなくスマートフォンやタブレットでも使えるので、四六時中チェックしようとすれば、できてしまいます。

なのでメールを処理するペースを決めないと、メールに振り回されることになりかねません。

主たる業務に集中できるよう環境を整えるのは、自分にしかできないことです。

テレワークは周囲の目がないからこそ、自らメリハリを意識して仕事をしなければなりません。

メールの処理は勤務時間内に行う。オフィスで仕事をするときと同じで、9時に始業し、18時で終業するなら、その時間内が目安です。

フレックスタイム制をとっていたとしても、定められた勤務時間を基準とします。

深夜のメールは危険がいっぱいです。

「深夜まで仕事をしているとは感心だ」なんて評価してくれる人はいません。

「こんなに遅くまで仕事をしているなんて、大丈夫かな」と心配されるでしょう。

返信した時間も労働時間と見なされる可能性があります。

上司にはセルフマネジメントができない人だと思われ、取引先には労務管理がしっかりできていない会社だと映ります。

誰も見ていない環境だと、ついネットサーフィンをしたり、つい休憩したり、仕事から離れる時間が増えて、帳尻合わせに遅い時間まで仕事をしていることも。

それでは信用を落とします。

自分の行動を律することができていますか？

深夜に送られてきたメールを目にした上司は「仕事の管理ができていない」と考えるかもしれません。

「まさか、酒を飲んだ後にメールを処理しているのか？」と疑われることもあり得ます。

「会社のため身を粉にして働いてくれる素晴らしい社員だ」と思うとしたら、深夜までメール対応をしなければならない、やむを得ぬ事情があるときに限ります。

深夜のメール対応が定着すれば「いつでもメールを見てもらえる」と期待され、対応して当然という状態になりかねません。

そうなると、こちらの事情はお構いなしに、一方的な要求をされたり、強引な対応を迫られたりすることが増えるかもしれません。

夜の20時にメールが届き「23時までにお願いします」のような依頼をされたらどうでしょう。


業務時間外にもかかわらず、非常識な時間帯での無理な依頼を増やすことになります。

人は、期待されると、その期待に応えようと動きます。

しかし、無理を続ければ、いつか身体を壊します。

仕事とプライベートのバランスを崩さないよう、メール対応する時間を決めたほうがよいのです。


期待に応えるための深夜対応は、本当に必要でしょうか。

常にメールが気になれば、人生はメールに支配されます。

深夜にメールを送っても、相手は翌朝に確認するのであれば、深夜に送る必要のないメールです。

相手が夜遅くまで仕事をしていると「合わせたほうがいいかな」と思うことがあるかもしれません。

でも、それは自分で自分にかけている圧かもしれず、相手はそこまで求めていないかもしれません。

メールを処理する時間帯に迷ったら、上司や取引先に聞いてみましょう。

特に上司としてはコンプライアンスの観点から、勝手な時間外労働を快く思わない傾向があります。

私は、18時を超えたらメールを見ないようにしています。

18時以降や土日にメールの返信をすると、いつでも対応してくれるという期待が相手に生まれ、いつしか当然の対応となってしまうからです。

それを避けるためには、仕事以外の時間でメールをチェックしない。

社員にも、外部のパートナー企業にも、お客さまにも、私のスタンスを伝えているので、夜に急ぎの依頼がくることは全くありません。

起業したての頃は、深夜でも、手が空いていればメールのチェックをしていました。返信の早さに相手が驚いてくれるのが嬉しくて、夜のメール処理が日課になっていました。

でも、相手はそんなに早いレスポンスを望んでいるわけではありません。深夜に返信しても、朝に返信しても、お客さまの評価はそれほど変わらず、がっかりしたことがあります。

極端な速さに「すごい！」「早い！」と驚かれ、喜ばれたのは最初だけ。結局、深夜の返信は、自己満足でしかなかったのです。

出社したらまず、毎朝9時までにたまったメールを全て処理するのが私のルーチンです。前日が平日だったら18時から翌日8時半くらいまでに届いたメールは、9時の時点で処理が終わっています。

それで相手から「遅い」と言われたり、催促されたりすることはありません。緊急事態で深夜の対応が必要なら、携帯電話に連絡があるでしょうが、そのようなことは滅多にありません。

メールの処理は勤務時間内に。終業時刻以降に届いたメールは、翌日（営業日）午前中の早い時間帯にチェックして返信する。

そのようにルールを定めてメールを処理すると、自分のペースを保つことができるようになります。

まずは、メールをチェックする時間帯を見直してみましょう。

段取りのいい人が送っているメール

「リモートワーク中で、会社に行かないと印鑑が押せないので、発注書が送れません。申し訳ありません」というメールをもらったことがあります。

こちらは全く急いでいないので「発注書は、いつでも構いませんよ」と返事をしましたが、相手が申し訳なさそうにしているのが伝わってきました。

「テレワーク中なので、明日出社して対応します」「平野さんも早いほうがいいですよね」

と書かれたメールをもらったこともあります。

これには強い違和感を覚えました。

対応するのは相手の社内処理のために必要な書類で、私が要求したものではなかったからです。

それなのに「そのために出社します」という趣旨のメールがきたので「それは違うでしょう」と思いました。

送り手からすれば、何気ないひと言でも、受け手は真意を測りかねてしまうのです。

仕事には全て期限があります。

期限通りにやっていれば、遅いということはなく、無駄に急ぐ必要はありません。

期限通りにやっているのにクレームがくるなら、そもそも設定した期限が間違っています。


仮に、今日が20日で、27日までに発注書に押印して投函すれば間に合うとします。

それであれば「明日会社に行って押印します」と急ぐ必要はないでしょう。

27日までに別の用事で会社に行く予定があるなら、そのついでに押印して投函すればいいのです。

ただし、これは、期限に余裕があるときにだけできること。

今日が26日だったら「テレワーク中なので、明日出社して対応します」という事態に陥ります。

締切直前に事を進めると、ドタバタな展開を招くので、時間の余裕が必要です。

タイトなスケジュールは自分自身が疲弊し、相手を巻き込み迷惑をかけるだけ。

そうならないように、**スケジュールを立てて、段取りをつけましょう。**

タイトになってしまうときは、あらかじめ相手の承諾を得れば、トラブルは防げます。

例えば、取引先に発注書と請書を郵送し、請書を30日までに返送してもらいたい。

そんなときは投函する日よりも前に「発注書と請書を投函できるのが27日になります。翌日にはお届けできる予定です。急ぎの対応をお願いすることになりますが、30日までにご返送いただくことは可能でしょうか」とひと言確認します。

相手にも事情があり、都合があるので、こちらの希望を押し付けるわけにはいきません。

こちらの提示したスケジュールでは進行できなければ「それは急すぎるので26日までに

届くようにしてもらえませんか」のように返事がくるでしょう。

そこから互いの都合を調整すればよいのです。

問題になるのは、相手の都合を一切考慮せず、根回しをしないとき。

27日になって「本日、発注書と請書を投函しました。手続き上、請書の返送が必要です。急なお願いですが、30日までに捺印の上、返送してください」というメールを送ったら、どうなるでしょう。

相手がテレワーク中だったら、会社にいないから受け取れない、確認できないことだってあり得ます。

テレワークでなくても、常にオフィスにいるわけではありません。

出張しているかもしれないし、何らかの事情で捺印に時間がかかるかもしれない。

そもそも27日にメールを確認できないかもしれない。

さまざまな可能性を考えて「いきなり言われても困る」と相手に思わせないように進めましょう。


メールの送り方から、仕事の段取りが見えてきます。

あなたがよかれと思って急ぎ対応するとき、それは今やらなければならないことか、と自分自身に問いかけてください。

早く対応しなければならないという強迫観念があるのかもしれません。

でも、今すぐにやる必要がないことを無理して急ぐのは、意味がありません。

必要なのは、根回しです。

「相手のためを思って無理をしたのに、全然感謝されない」
「こんなに無理をしたのに、相手が評価をしてくれない」

そのような不満を抱えている人がいます。

期待する評価を得られず、相手の態度に腹を立てている人もいます。

これは一生懸命な気持ちと態度が空回りした状態です。

少し落ち着いて、全体を見渡して、合理的にバランスを取って仕事をしましょう。

急な依頼をされたとき、たまたま出社する用事があるなら「明日はちょうど出社の予定なので、対応しますね」と返信するとスマートです。

交渉上、恩を売りたいなら、全ての作業を前倒しで行い、相手にプレッシャーをかけるという方法があります。

相手のミスで進行が遅れているときに、あなたが前倒しで作業して巻き返せれば、恩を売ることになるでしょう。

ただ、そうした目的がないなら、無理をしてまで早く進めることに意味はありません。

そもそも、予定通り進行しているときに前倒しをしても「仕事が早いですね」といった感想を持たれるくらいでしょう。


「早いことはいいことだ」という風潮にありますが、意味のない早さを求めることは、かえって状況を悪化させ、活力を奪います。

仕事は、互いに合意した「期限」と「質」を軸に成り立っています。

求められた基準に従い、この二つを満たせば合格です。

期限と質の管理に興味がある人は、拙著『仕事を高速化する「時間割」の作り方』（プレジデント社）をご参照ください。

デスクトップ通知は今すぐストップ

テレワークだからメールを常に見なくてはいけない、という誤解をしている人が多いようです。

仕事の効率を上げようと思ったら、メールに縛られないことが重要です。

「メールはこまめにチェックしなくてはいけない」
「メールのレスポンスは早ければ早いほうがいい」

このような「思い込み」から頻繁にメールをチェックして、メールに翻弄されている人がいます。

メールはあくまでも仕事のサブツール。

伝えたいことを伝えるというコミュニケーション手段の一つにすぎません。

アイデアを考えるとか、企画書を作るとか、見積書を作るとか、もっと重要な仕事があるはずです。

それなのにメールの優先順位を一番高くしている人がいます。


私はメールのプロだからハッキリ言います。

メールの優先順位をもっと低くしてください。

本来やるべきことに集中してください。

メールの優先順位を高くしている人は、デスクトップ通知をオンにしていることが多いようです。

メールが届いたら、パブロフの犬のように反応し、疑問を抱くことなく反射的にメールを処理していませんか。


デスクトップ通知をオンにしていると、メールのタイトルがパソコンの画面右下に表示されます。

その通知を見て「どんな内容かな」「急ぎかな」なんて考えます。

私は経営者なので「セミナーの申込が入りました」という通知が見えたら、気になります。

いくら売れたのか、どの企業からの申込なのか……気になりだしたらメールを開封するまで頭から離れません。

これは、仕事の寄り道で、効率を悪くさせることにつながります。

今やっている仕事に集中するためには、集中力をそぐものを減らすべきです。

デスクトップ通知は、その最たるものです。

デスクトップ通知をオフにして、メールに振り回されないようにしましょう。

一刻を争うのは、一括見積もりサイトからの問い合わせ対応者やサポート専属部隊、あとは人の命に関わる仕事をしている人たちくらい。

外出があるような仕事の場合は、室内にいても2、3時間に1回メールを見られれば十分です。

デスクトップ通知を止めることで、今やっている仕事に集中して取り組めるようになります。

常に通知をオンにしていれば、上司からの催促メールや取引先からの問い合わせメールだけでなく、メルマガや一方的な営業メールなど、さまざまなメールが四六時中、視野に入ります。

仕事に不要なメールにも意識が向き、都度作業は中断されます。

周囲に誰もいないのに自分のペースで仕事ができず、結果的に生産性が半分くらいになるかもしれません。

メールの処理は、手が空いているときにすればいいのです。

仕事が落ち着いたら、メールをチェックする。

メールを読むのと返事をするのはセットにすると、効率が上がります。

たまに、隙間時間にいつでもメールを見ている人がいますが、返信できないときにメールをチェックするのは、心配事を増やすだけで逆に非効率です。

「気になる」という状態を解消するには、そのメールを読むしかありませんが、いったん読んでしまうと「いつ処理するか」を考えてしまいます。

処理を後回しにすれば、後で再読することになるので時間は倍かかります。

とにかく、**処理できないときにメールを読んではいけません。**

人は同時に一つのことしか処理できません。

業務効率を上げようと思ったら、注意力を奪うものを極力減らす。

注意力を奪われていると思ったら、どうやったら気にならなくなるかを考える。

目に付くと気になるなら、目に付かないようにすればいいのです。


メールソフトだけでなく、アプリには「通知機能」が搭載されています。

ことあるごとに通知を出して使ってもらい、繰り返し使っているうちに日常に浸透し、そうするのが当たり前となっていくことが彼らのビジネスモデルを支えています。

そこに、精一杯逆らいましょう。


「通知がきても私は気にならない」と言っても、本当にそうでしょうか。

１００％そうだと断言できるなら、これ以上何も言いません。

でも、１ミリでも気になって作業が中断された経験があるなら、それが非効率な状態を生み出しているのです。

とにかく通知を止める。これが効率化の第一歩です。

メール処理に優先順位は不要

朝出社すると100通以上のメールがたまっているという人もいるでしょう。

このときに、人は二つの処理パターンに分かれます。

パターン1 優先順位を付けて処理

パターン2 古いものまたは新しいものから順に処理

私は以前、パターン1のように優先順位を付けて処理していましたが、この方法には、決定的なデメリットが二つもあります。

一つ目の問題は、**比較による疲労**です。

優先順位を付けることは、他のメールと比較しなければできません。

この比較という作業が結構疲れます。

瞬時に判断しているようで、実は果てしなく続く思考の末に選んでいるのです。


二つ目の問題が、**処理をしたかどうかが分からなくなる**という点。

優先順位を付けるために、全てのメールを開封してある程度内容を理解しようとします。

そのとき、処理を後回しにしたメールは開封され、軽く読んでいるので、後になって処理をしたかどうか記憶があやふやになってしまうのです。

メールが未読か既読かでタスクを判断していた場合、「既読になっているけど、もしかして未読に変更するのを忘れたのでは」といった疑念が急に浮かんでくる可能性があります。

これを解消するためには、送信トレイを見て、返信済みかを確認するしかありません。

それは本来なら不要な作業です。

一度メールを開いて見てしまうと、処理したかどうかが分からなくなる。

これが実は大きな問題なのです。

私は出社したら、古いメールから順に見ていきます。

これは、もう10年以上変わっていない、私にとって普遍的なメールの返信方法です。

その際に何を意識しているのか、私のやり方をもうちょっと詳しく説明します。


メールを開封したときに、1分で処理できるかどうか。


ここがまず分かれ道です。

YES／NOで簡単に答えられるメール、ちょっとしたお礼を伝えればいいメール、受領の連絡をするだけで済むメール、メルマガのような目を通すだけのメール。

これらは読んだら即時、全て処理します。

1分以上の時間がかかりそうなものは、読まずにフラグ（Gメールならスターマーク）を付けておきます。

メルマガのようなものでも、熟読したい内容ならフラグを付けます。


その判断に使う時間は、1秒から5秒程度です。


それ以上の時間をかけて目を通すと、読んで処理した気になってしまうことがあるからです。

出社して数分は、このメールの仕訳処理に時間を費やします。

私の場合、この一連の作業によって、メールの数を1割くらいまで減らせます。

後は、仕事の合間に、順を追って処理していけばいいのです。

例えば、連載している雑誌の原稿のチェック依頼が残っていたとします。

これなら10分から15分あれば対応可能です。

仕事の隙間時間で10分とれそうなら、そこで原稿をチェック、修正箇所があれば記入して戻します。

でも、多くの人は、締切を見て先延ばしにしてしまいます。

締切が先のメールがたまっていくと、毎日どれを優先するかメールを比較して判断することになります。

処理する対象物が増えれば増えるほど、非効率な状態になります。

時間がかかりそうなメールの場合は、どのくらい時間がかかるのかを予測して、その上で仕事の隙間時間に処理していくべきです。

メールの洪水に溺れると、振り分けに時間を使い、くたくたになってしまいます。

重要なのは、処理する対象物を常に減らしていくことです。

後回しにするメールを増やすことは、将来の自分を苦しめているだけで、何の得策にもなりません。

将来のメールは下書きか、予約配信

「明日、アポイントがあるから、念のためリマインダーでも送っておこう」と思ったことが一度や二度はあるでしょう。

研修の現場で質問をすると、実際に多くの人がリマインドメールを送った経験があります。

ただ、これを思い付きでやっているならば危険です。

計画を立てずに、忘れていたことを思い出すかのようにリマインドメールを送るのは、今すぐやめましょう。

思い付きは、仕事の質にムラができるからです。

仕事というのは、やるべきことを当たり前のように行い、例外を増やさないことが重要です。

思い付きだと、リマインドメールを送るときと送らないときがあり「前回はメールをくれたのに、今回はないのかな」と思われます。

行動が一定していないと、リマインドメールを送ったことがあっても、送っていないときのマイナスの印象が際立ってしまうのです。

リマインドメールを送るなら、計画的に送りましょう。

相手がアポイントを忘れるなどのエラーを起こさなくなり、トータルの効率がよくなります。

リマインドメールを送って「平野さん、アポイントの日程を失念していました。助かりました」と言われたことは、一度や二度ではありません。

「この案件は〇日になったらメールを送ろう」と仕事のフローに組み込み、事前に準備をすれば忘れません。

そのときに便利なのが「下書き」機能です。

リマインドメールを作成して、下書きに保存しておきます。

件名の頭に「★2021年10月13日★に配信」のようなメモを付ける。

そして、毎日下書きをチェックして、配信日がきたらメモを消して送ればいいのです。

リマインドメールを準備しておけば、将来の自分に楽をさせることができます。

明日の打ち合わせのリマインドメールを送ろうと思ったときに限って、急に上司から仕事の依頼がきて手が離せなくなるかもしれません。

そして、送るのを忘れてしまう。

これは、非常にもったいないです。

人は「やろう」と思っていることが終わっていないと気になり、別の作業をしていても急に思い出し、今の仕事に集中できません。

準備して下書きに入れておけば「あ！　送らないと」のように思い出すこともなくなります。

予定の時間になったら、10秒もあれば送信完了です。

Ｇメールなど一部のメールソフトには、予約配信機能が備わっています。アドオンで機能を追加することで、使用可能になるメールソフトもあります。「○○（利用しているソフト名）　予約配信」と検索すると、そのような機能があるかどうかが分かるでしょう。

私はＧメールを使っているので、さまざまな場面で予約配信を利用しています。

・セミナーのリマインドメール
・コンサルティングのリマインドメール
・「ビジネスメール実務検定試験」の開始を知らせるメール
・賞与に関する社会保険労務士の先生への依頼メール

数え上げたらきりがありません。

ただし、連絡が早すぎると相手が忘れる可能性があるので、送るタイミングを配慮します。

「セミナーの資料は前回と同じです」と相手に伝える必要があったとします。

これを3か月前に伝えたら、直前になって「平野さん、資料はどうしますか?」のような問い合わせがくるかもしれません。

3か月前に伝えたことを相手は忘れているのです。

こうした事態を回避するために、セミナーの3週間前に「セミナーの資料は前回と同じです」を送信するように予約しておくのです。


リマインドメールは事前に作成しておく、最も適した瞬間に送信する、この二つがポイントです。


後でやろうと保留にせず、できるときに、できることをやっておく。

思い出して慌てて送ることがないように。

これにより、業務効率が飛躍的に高まります。

メールは自分の記憶装置

皆さんは記憶力に自信がありますか？

よほどの超人でない限り、全ての事柄を１００％覚えておくのは不可能です。

また、人の記憶は当てにならないもの。


以前の私は、記憶力に自信があり、取引先の電話番号なども数10件は覚えていました。

自分の業務も記憶を頼りにこなして、ＴＯＤＯリストは「記憶力の悪い人のためのものだ」くらいに思っていました。

実際に、感覚値ですが、95％は記憶でなんとかできていました。

でも、５％程度の記憶違いによるミス（遅れや勘違い）は生じていました。

この５％のミスを取り返すのに、どれだけたくさんの時間がかかっていたことでしょう。

当時は「できている箇所」にだけ目が行き「できていない箇所」から生まれる無駄な時間やマイナスの印象に目を向けられていなかったのです。

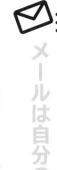

過信が業務効率を落としていることに気付いていませんでした。

仕事で重要なのは、どんな方法を使ってもいいので、**100%正確に実行すること**です。

そのためには、自分の記憶だけでなく、外部記憶装置（メモやメールなど）も頼るべきなのです。

私は今、自分の記憶を一切信用していません。

困ったときは、メールに書かれていることを手がかりに整理しているので、全ての情報をメールに残すようにしています。


お客さまと電話で話したら、電話を切ったあとに「先ほどの件ですが、○○ということで、よろしくお願いいたします」のように**内容を要約して送る**ようにしています。

「丁寧な仕事をしますね」と感激されることもあります。

でも、これは自分の備忘録でもあるのです。

わざわざそんなメールを送るなんて、時間の無駄だと思うかもしれませんが、トータルで考えると、こうしたメールが残っているとトラブルを回避できます。

時間と向き合うなら、目先の時間だけでなくトータルの時間に目を向けるべきです。

私のメールボックスには、２００７年からの送受信したメールが全て保管してあります。

その数、約１４０万通。

日々、たくさんのメールを送り、たくさんのメールが届くので、年間10万通くらい増えていきます。

たまにメールを削除する人がいますが、これはもったいない。

いつ、誰と、どんなやり取りをしたのかを忘れずに覚えていることはできませんが、メールには全てが残っています。

これは貴重な財産です。


見知らぬ相手からメールが届いたら、**まずメールアドレス、名前で過去のメールを検索します**。

相手のメールアドレスで検索して情報が見つからなかったときは、ドメイン（例：@sc-p.jp）で検索してみてください。

過去に同じ会社の別の人とやり取りがあったかもしれません。

その情報から関係性を伝え、話が広がることもあります。

接点が見つかれば、次のような会話につなげることができます。

「2008年の○○のイベントでお会いしたのが最初ですね」
「セミナーに参加してもらうのは、6年ぶりですね」
「5年前にご一緒した貴社の○○さんは、お元気ですか」

メールに記録が残っていれば、それをきっかけとして、さまざまな情報を引き出すことができます。

過去メールで営業電話を撃退

忙しいときにかかってくる営業電話にイライラしたことはありませんか。

一方的に話してなかなか切ってくれなかったり、何度もかかってきたり。

中には、営業電話から新しい取引が生まれ、自社の成長につながることもありますが、9割は不要な電話です。


このような不要な電話を簡単に撃退するのにメールが役に立ちます。

弊社では営業電話を断ったら**「電話番号、会社名、電話をかけてきた人の名前、電話の内容」を社内のメーリングリストで共有します。**

内容は「ホームページの制作会社からの営業。断りました」のように書かれています。

この共有メールが後々、役に立つのです。


営業電話があると、ナンバーディスプレイに表示されている番号を見て、その番号でメールを検索します。

すると過去にも営業電話がかかってきて断ったと書いてあるメールが見つかることも少なくありません。

電話番号でヒットしないときには、会社名を入れて「○○（会社名）　営業電話」などでメールを検索します。

このどちらかの方法で、メールを見つけることができます。

電話口で「興味がありません」と言っても引き下がってくれない人は多く、一度断っても何度もしつこく電話がくることも珍しくありません。

そんなときは、メールの記録をもとに「以前も○○さんから営業電話があって、お断りしていますよ」と伝えると、相手はすんなり引き下がってくれます。

名前まで出されたなら仕方がないと考えるようです。

今後、営業電話をしてほしくない場合は「このようなご連絡は一切不要なので、○○さんの責任のもと、リストから弊社の情報を削除しておいてください」と伝えるのも有効です。

リストから削除されたか確認することはできませんが、このやり取りもメールに残しておけば、再び営業電話がきたときに出番があります。

初回の電話で営業担当から「それでは資料を郵送しますね」と言われたら「○○会社の○○さんから資料が郵便で届く」のようにメールを自分に送っておきます。

私の経験では、営業電話をしてきた人の3割から5割が「資料を送ります」と言っても送ってきません。

そのような情報がメールに残っているわけです。

同じ会社の別の人から営業電話がかかってきたときには「以前、○○さんから電話をもらって、資料を送るって言って、送ってこなかったんですよね……約束を守れない会社とは仕事をしない主義なので」と伝えると、すぐに終わります。

根拠を示して具体的に説明すれば相手は納得します。材料となる情報をメールに残しておけば、いつでも取り出せて、探す手間も省けます。

時間をうまく使うためにも、記憶ではなく記録を使って仕事をしていきましょう。

メール処理で仕事の緩急をつける

メールの処理は頭を使います。メールは手軽に使える手段なので、たいした作業じゃないと思っていても、意外と労力を費やしているのです。

1通1通が業務の指示であったり、営業活動であったり、重要な仕事なので、そこに食い違いがあったらどうでしょう。

相手が誤解していたり、不快感を覚えていたりすれば、リカバリーにさらに多くの時間を費やすかもしれません。

集客や依頼などの目的を達成するために、メール1通に3分から5分くらいかけて、多くの業務を処理しているのです。

1通3分だとしたら、1時間で20もの業務をこなしています。

メールの件数が多い人は、常に頭を使っているのと同じです。

疲れないはずがありません。

起業当初の私は毎日0時過ぎまで仕事をしていました。

深夜まで仕事をしないとメールが全く片付かなかったのです。

このままではダメだと奮起して、どうやったらメールの処理時間が少なくなるか、誤解なく伝わり二度手間にならないかを考え続けた結果、今では毎日定時（18時）に帰れるまでに改善できました。

日々、どの順番で処理をしたらいいか、どうやったらすぐに判断ができるかを、とにかく考え続けます。

メールには、全体の構成を考える力、伝わるかを予測する力、語彙力など、多くの力が必要です。

状況を判断しながら、相手のことを考え、アウトプットするのですから、疲れて当然でしょう。

私の場合、メールを集中して処理するのは、1時間が限界です。

人によっては、30分かもしれないし、2時間かもしれない。

私は限度を超えるとミスが起きるなど精度が低くなるので、**メール以外の業務を挟むようにしています。**

コーヒーを飲むなど、単純に休憩して息抜きをしてもいいのですが、私は定時までしっかり働き、くたくたになるくらい密度を高めて仕事をしたいと考えています。

残業する余力は残さず、毎日やり切ったという充実感とともに会社を出るようにしたいのです。

そのため、メールの処理が続いたら、書類の発送だったり、セミナープログラムの大枠を考えたり、机の上を掃除したり、集中力が必要ない仕事や身体を動かす仕事を入れるようにしています。


軽いメールしか届かない人は、メール処理を息抜きに使うのもありです。


私の場合、1日3本の研修が入っているときは、途中にメールを処理するのが息抜きの仕事になります。

ずっと声を張り上げてテンションを上げていた状態から、メールという緻密さが求められる業務に向き合うことによって、頭がクールダウンされていくのが分かります。

業務の中でのメールの位置付けをはっきりさせ、費やす時間のバランスを取っていきましょう。

第 3 章

仕事を管理する
メールコミュニケーション

「報告・連絡・相談」で上司の信頼を得る

仕事中は席を立ったり、電話をかけたり、会話をしたりします。

それは、テレワーク中でも同じです。

パソコンの前に座って、じーっとモニターを見ているわけでも、ずっとメールを処理しているわけでもありません。


でも、互いが同じ空間にはいない、姿が見えないので「仕事をしているだろう」「おそらくパソコンの前にいるだろう」と思いがちです。

そのため1、2時間前に送ったメールの返信がないだけで、催促されるケースもあるようです。

自分と相手が同じペースで仕事をしているとは限りませんが、姿が見えないことによって、そのことが抜け落ちてしまうのです。

特に上司は、部下に対して「早く返事がほしい」と望みがちです。「しっかり仕事をしてほしい」という期待の表れかもしれませんね。

「今の仕事量だったら、もっと早く返事ができるはずだ」という思い込みもあるかもしれません。

ここでも「思い込み」という言葉を使いましたが、結局のところ**状況を正しく伝えていれば、こうした事態は防げます。**

パソコンでの作業は、インターネットでの調べ物、エクセル、ワード、パワーポイントなどでの資料作成、ＷＥＢサイトの構築、動画の編集など多岐にわたります。

パソコンの電源を落として、ノートに何かをまとめているかもしれません。

それは、あなたも周囲の人も上司も同じです。

ここで「いや。うちの部下はパソコンでの作業しかないはずだ。それなら、デスクトップ通知が出ているはずだから、メールに気付かないはずはない」という上司の反論が聞こえてくるかもしれませんね。

でも、デスクトップ通知を設定している人は、弊社の調査だと半数です。前の章にも書きましたが、私は「デスクトップ通知」は全て止めるように指導しています。

なぜ、上司は管理したがるのでしょうか。

上司は、部下がスムーズに仕事をできるようサポートし、成果に導くのが仕事です。

マネジメント、つまり管理することも仕事の一つなのです。

だから、部下が仕事をしているか様子を見て、気になれば声をかけます。

テレワークになると、その声かけの頻度が高くなるようです。

同じ空間にいれば、様子が分かるので、雰囲気から察することもありますが、テレワークになると、様子が分からないので、どうしても確認の回数が増え、間隔が狭くなるのでしょう。

メールを頻繁に送って状況を尋ねたり、返事がすぐにこないと「今は何をしているのか」と疑ったりしてしまう人もいるようです。

それも全て、仕事が円滑に運ぶようにしたいからこそ。

とはいえ、上司に確認されるたびに仕事が中断したのでは元も子もないですね。

ただ、こうした自分都合の確認や管理をしたがる傾向は、上司に限ったことではありません。

いつか、自分が誰かに同じことをしてしまうかもしれません。

すでに誰かにしているかもしれません。

まずは「○○のはずだ」という自分基準の思い込みや期待を横に置いて考えた上で、状況を把握しましょう。

頻繁に状況を確認してしまう人は、管理がしたいからではなく、**相手が何をやっているのか見えないから不安になっているのです。**

信用したくても、できないから不安になります。

あなたの言動が相手を不安にさせているのかもしれません。

裏を返せば、あなたが相手の不安を解消できれば、急な催促をされたり、成果について細かく聞かれたりすることも減るでしょう。

状況を正しく伝えていれば、こうした事態は防げるというのは、そういうことです。


そのためには、**「報告・連絡・相談」**が重要です。

催促や確認をされるのはいわゆる「報・連・相」が足りないから、相手の要求や期待を満たしていないからなのです。

相手の要求を知って、先回りした対応をすることで、催促や確認が減ります。

届くメールもぐっと減るでしょう。


自分のペースを維持することは必要ですが、周りの様子を気にせずのんびり仕事をするのではなく、相手のスピード感に合わせて仕事をする。

そうすると、催促されなくなります。

催促されなければ、ストレスもたまりません。


これは、社内だけでなく社外の人、お客さまとのメールにも当てはまります。

メールの返事をいつまでにほしいのかという感覚は人によって異なります。

相手がどのタイミングで返信がほしいのかを学習し、相手が思う最適なタイミングでメールを送りましょう。

そのタイミングが読めないなら、常に早いレスポンスを心がけるべき。

私は日中ならば、４時間程度で返信しているので、催促されることはありません。

信頼を積み上げるためにも、催促される前に動きましょう。

朝1通のメールを習慣化する

心配されたり、疑われたりしないために**「どんな仕事を抱えているのか」「どのくらい時間がかかるのか」を関係者に伝えましょう。**

全体像が分かれば相手は安心します。

「何時から何時までに何をする予定なのか」を上司へ事前に報告していれば「ちゃんと仕事をしているのかな」なんて思われることはなくなります。

ただし、「とりあえず報告しておけばいいんでしょ」などと軽く考えてはいけません。

せっかくなら効果的に伝えましょう。

ここでも使うべきは、**習慣の力**。いつも、同じように、安定して、報告します。

思い付きで報告したり、しなかったりすると信頼されません。

一時の間に合わせではなく、そうすることが当たり前であるように、規則正しく報告します。

いつも通りに報告がくれば、上司は確認するまでもなく状況を理解できます。次も、いつも通りに報告がくると考え、その期待を裏切られることなく報告がくれば、信頼は増します。こうして、信頼を積み上げていくのです。

上司に余計な心配をかけたり、不要な確認をさせたりしない部下でありましょう。習慣の力を使うことで、上司を安心させることができるのです。

テレワーク中は互いが見えないからこそ、みんなが不安になります。

「今日も元気に仕事をしているかな」
「サボっていないかな」
「寝坊してないかな」

このような疑念を抱かれると仕事はしにくくなります。

あなたも、オフィスにいたらそれほど気にならなかったミスも相手の様子が分からないと「気が緩んでいるのかな」と思えて、あることないことを考えてしまったことはありませんか。

あなたがミスをして、相手からのメールがちょっとだけ刺々しくなるとしたら、相手はそうした状況に陥っているのかもしれません。

刺々しいメールを受け取れば気持ちは落ち込みます。

そのたびに仕事の効率が下がることは目に見えています。

そうした事態は避けたいですよね。

方法は簡単、**自分で仕事始めに連絡をする日課を作るのです**。


会社によっては、始業前に朝礼を行って挨拶や連絡をしたり、テレワーク中はＺｏｏｍなどのオンラインツールを使って行っていたりします。

終業時は、業務日報をメールで送っているケースもあるでしょう。

始業と終業のタイミングで、このような会社によって定着しているルーチンがない場合は、各人に任されます。

始業時に挨拶や連絡をするか、終業時に業務報告をするかは、本人次第。

そうなると、連絡をしない、報告をしない、という人が出てきます。

その結果、先に書いたような上司の不安や疑念が起こりやすい環境になります。

それなら、自分で日課を作りましょう。

始業時に「今日は、○○をやります」と予定を宣言し、併せて「今日も一日よろしくお願いします」と挨拶のメールを送るのです。


毎日、最初に送るメールはこれ。

そうしてスタートすれば、相手は「今から仕事を始めるんだな」と分かるので、安心して見守ってくれます。


相手の立場になって考えてみてください。

一緒に仕事をするにあたり、このような連絡ができる人と、連絡をしない人。

成果が同じだとしたら、どちらのほうが安心できるでしょう。

仕事は互いに連絡を取り、協力しながら進めるものなので、細やかな連絡が、信頼や安心を生み出します。


中には、このような連絡を「うっとうしい」と感じる人もいます。

物事の進行具合は知らなくてもいい、結果だけを知らせてくれればいいと考える人もいます。

うっとうしがられていると感じたときは「毎朝のメールは不要ですか?」と聞いて、相手が必要としているものは何かを確かめた上でメールを送るのをやめればいいのです。

確率でいうと、このような連絡メールを歓迎する人のほうが多いので、**相手に確認せずに送るのをやめるのはオススメできません。**

「どうせ不要だろう」と思い込みで判断すると誤解を招きます。

毎朝のメールは必要なものだけど、書き方や送り方に問題があって改善を求められるかもしれません。

ドキッとしたら、本書で紹介するビジネスメールの基本ができているか、ご自身のメールを見直してくださいね。

まずは、自分の日課を作って始めてみましょう。

業務日報で仕事をアピール

上司の立場からすると、同じオフィスにいて目の前に座っていたとしても、パソコンに向かっているあなたの姿から業務の全体像は把握できません。キーボードをカタカタと打って、たまに「う〜ん」となっていても、何をやっているのかさっぱり分かりません。

パソコンに向かっているだけでは、仕事をしているのかさえも分からないのです。ましてやテレワークだったらどうでしょう。

部下が適切なアピールをしなければ、上司は状況を把握できません。その結果、評価もできないのです。

そんなときにオススメなのが、**メールでの報告です**。

業務日報のように、１日に１回はメールで進捗を伝え、状況を伝えます。予定通りに進んでいれば上司は安心します。

予定より遅れていたら対処の指示をするでしょう。

日報は上司の判断材料にもなるのです。


日報に仕事の全体像しか書かない人がいます。

それでは「こういう仕事に関わっています」というアピールはできても、具体的に何をしたのか、予定通りに進行したのかが分かりません。

昨日の日報と、今日の日報を見比べたときに示される差が今日の成果です。

全体像しか書いていない日報だと、何がどこまで進んだのか全く分からないので、受け取った人は判断に困るでしょう。


日報を書くときは「今日、何をやったのか」を中心にします。

今日の業務時間を使って、どれだけのことを成し遂げたか書かないと「何もしていない＝仕事をしていないのではないか」と疑わしく思われてしまいます。

仕事をしているのに、マイナス評価をされるのは嫌ですよね。

日報には次の二点を書きます。

(1)今日の結果
・何を、どれだけ、行ったのか（業務内容・作業量）
・どれだけ時間がかかったのか（実働時間）

(2)明日の予定
・何を、どれだけ、行うのか（業務内容・作業量）
・どれだけ時間をかけるのか（予定時間）

今日の結果や明日の予定に関連して、気付きや疑問、課題や改善提案、相談などがあれば一緒に書きます。

日報は、感想だけを述べたり、批評したりする場ではありません。

日報を介したコミュニケーションの場です。

自分が携わる業務について深く考え、成果を出していることを文字で伝えます。日報を通じて、上司は全体像をつかみ、今日の結果を確認し、明日の予定を把握します。進め方に問題があれば、アドバイスをくれることでしょう。

上司をはじめとする日報を読んでいる人が思っていることは「きちんと仕事をしているかな」「成長しているかな」です。

読み手の知りたいことに応え、不安を解消し、心配を払しょくする情報を届けましょう。

日報を通して、あなたの仕事が見られています。

「○○ができるようになったようだから仕事を任せてみよう」「コミュニケーションに課題を感じているようだからサポートしよう」とあなたの次のステップを上司は親身になって考えています。

このように、日報は自分のためのものでもあるのです。

私は、仕事柄、出張で全国を回り、長期に及ぶ不在も珍しくありません。

だから、いつも決まった時間に部下から日報メールが届いたら、今日も無事に仕事が終わったと分かり安堵します。

普段より遅い時間に届いたら「何かトラブルですか？」「サポートが必要ですか？」と声をかけることもできます。

日報の内容や送信時間は、仕事のバロメーターの一つにもなりますね。

受け取りの連絡が安心感を与える

仕事を円滑に進めようと思ったら「報告・連絡・相談」は不可欠です。

メールは不確かなコミュニケーション手段なので、どこかで消失したり、紛れ込んだり、相手の目に触れない可能性もあります。

そのため、**メールを受け取ったことを「連絡」できる人は信頼度が高まります。**


例えば、今日が月曜日だとします。

次のようなメールが届いたら、あなたならどう対応しますか。


「金曜日までに、〇〇の提案書をお送りください。」


相手が要求しているのは、期限内に提案書を送ること。

文字通りに解釈すれば、金曜日までに提案書を送れば対応完了です。

ここで、相手に思いを馳せてみましょう。

月曜日にメールを受け取った後、次のようなメールを送ったら、相手は安心するのではないでしょうか。

「メールを受け取りました。ありがとうございます。」
「ご依頼の通り、金曜日までに対応します。」

こうした趣旨のメールは、難度は低いですが、とても効果があり、信用を得ることができるのです。

このような受け取りの連絡をしないと、木曜日になった頃に相手は不安を抱き始めます。
そして、金曜日になると、その不安は最高潮に達します。

「もしかしたら、依頼したメールが届いてないんじゃないか」

「もしかしたら、提案書が間に合わないんじゃないか」

このときの不安や不快はストレスとして記憶され、繰り返されたら「ストレスを与える人」という印象が定着します。

メールを受け取っても反応しないと相手には分かりません。

「承知しました」「かしこまりました」のような受領の連絡がくれば、相手は進捗管理に注意を払う必要がなくなり、負担が減ります。

管理するものが減ると、ストレスが軽減されます。

私は、社外のデザイナーやライター、そして講師など、さまざまな人と一緒に仕事をしていて、依頼内容は多岐にわたります。

依頼メールを送ったとき、受け取ったという連絡がないと不安になり、不信感が募ります。

「この依頼は引き受けてもらえるのかなぁ。別の人を探したほうがいいのではないか」

「うちのことを軽く見ているのかなぁ。この仕事はしたくないのかなぁ」

このような思考を巡らせた時点でストレスだと感じます。

「○○のメールをご覧いただけていますか？」と毎回聞いてもいいのですが、正直そこまでして仕事を依頼する義理はありません。

返事をしないことが原因で、仕事を失うこともあり得るのです。

ちょっとした連絡ができないことによって「仕事の進め方が気がかりだ」「失敗やトラブルを起こしそうだ」とマイナスに評価される可能性もあります。

離れた場所で働いているときはなおさら、メールで反応しなければ、届いていること、読んでいることが伝わらないのです。

基本的なCCの使い方

どんなときにCCを使っていますか。

TOには偉い人を入れて、CCにはその部下を入れる。

そんな誤用の話を聞いたことがあります。

メールソフトには、TO、CC、BCCという三つの宛先欄があります。

それぞれの意味や特徴を知らずに使うと、周囲に迷惑をかけるだけでなく、信頼を大きく失う可能性もあります。


まず基本をおさらいしましょう。

BCCは、メールアドレスが見えないようにしてこっそり知らせるもので、通常はTOかCCのどちらかを使います。

TOは「あなたに送っています。あなたが読んで処理してください」という意味合いがあります。

一方、**CCは「TOの人に送った複写のメールです。念のため、目を通してください」というようなニュアンスです。**

つまり、ＴＯに入っている人が当事者なので重要なメールとして読んで処理し、ＣＣに入っている人は共有者としての立場でメールを読むため優先順位は下がります。

ＴＯで送るべきものをＣＣで送っているなら、受信者は全てのメールを慎重にチェックしなければなりません。

これでは、ＴＯとＣＣの役割の違いが機能せず、メールの処理に強弱を付けられないため、非常に非効率です。

ＴＯとＣＣの意味合いを理解して、使い分ける必要があります。

この差が分かっていないと、処理をしてほしい人をＣＣに入れてしまったり、ＣＣに入っている人への指示を本文に書いてしまったり、やりたい放題になってしまいます。

ＣＣは念のために送るという位置づけなので、読まれていない可能性もあると思ったほうがいいでしょう。

複数名に対して同時に伝えたいなら、**二人をTOにして、文中で「Aさんは、〇〇の対応を、Bさんは××の対応をしてください」と具体的に指示すべきです。**

文脈からたぶん分かるだろうと思っても、その「たぶん」が当てになりません。
確実に伝えるためにはどうしたらいいかを真剣に考えましょう。

例えば、お客さまへ連絡したことを自分のアシスタントに伝えたい場合、お客さまに送ったメールのCCにアシスタントを入れればよいと考えがちです。

メールの数を減らすことを意識すると、このような対応をします。

しかし、これだとアシスタントが意図を読み間違えるかもしれず、むしろ非効率になるのです。

では、この場合どうすればよいのでしょう。

まず、**お客さまをTOに入れて、アシスタントをCCに入れてメールを送ります。**

そのあとすぐに、**アシスタントをTOに入れて、次のように意図を伝えるのです。**

「今回のお客さまは、会社に電話をしてくる可能性が高いから、CCに入れました。もし、私が不在のときに電話がかかってきたら用件を聞いて、分かるものは代理で進めてください」

これによって、なぜCCに入っているのか、どのような意図があるのかが分かるので、正しい行動ができます。

面倒だと思うかもしれませんが、事故を起こさないのが一番です。

繰り返しになりますが、CCというのは見ていない可能性があります。

読み流していて、CCに入っている意図や内容を理解していないかもしれません。

その可能性がある以上は、別メールでTOに入れて、しっかりと補足すべきです。

余談ですが、私は『ビジネスメールの教科書』というメールに特化した情報サイトを運営しています。日々、3万人がアクセスして、その1割は「TO、CC、BCCの特徴と違い」というページを閲覧しています。

毎日3000人が使い分けを知りたくてページにアクセスしている。

それなら、これだけ誤用が起こるのは納得です。

ＣＣの乱用が効率を落とす

情報共有のために、メールのＣＣを使っている人は多いでしょう。

このＣＣの乱用が業務効率を著しく下げていることに気付いていますか？

何でもかんでもＣＣで共有することで社内のメールを増やすことは、相手の業務効率を落としているだけでなく、自分の効率も落ちているのです。

実は、本当の敵は身内だったという笑えない話があります。


ＣＣは、共有の目的で使います。


メールを共有することで、進捗報告の手間を省いたり、全体像の理解につなげたりすることができます。

本当に必要な相手であれば、共有すべき。

しかし、必要でない人にまで共有させるのは、迷惑なメールを送っているのと何も変わりありません。

このような社内の迷惑なメールが増えることで、重要なメールが埋もれてしまう可能性があります。

共有は、送信者がしたいだけなのか、受信者にとって必要なのかを、まず考えましょう。

よくあるのは送信者が何も考えずに共有してしまうケースです。

共有漏れが怖いという不安感からくるＣＣの乱用。
あとで責められたくないという保身からくるＣＣの乱用。
さらに、自分はちゃんとやっていますというアピールのためのＣＣの乱用。
そして、何も目的がない、取りあえずのＣＣ。

ＣＣに入れるときは、何のために入れるのかを必ず考えてください。
必要ないと感じたら外せばいいし、判断がつかなければ相手に「ＣＣから外してもいいですか」と聞けば解決です。

アピールや保身のためのＣＣは、書き手が問題を自覚していません。その場合、受信をしている側が「このようなＣＣは不要です」と伝えてください。

ＣＣでメールを受け取った人は、届くメールが増えるわけですから、その分だけ時間は奪われ、効率が落ちることは目に見えています。

１通読むのに30秒かかるなら、10人をＣＣに入れると、５分の時間が組織内で浪費されていることになります。

テレワークも増え、顔を合わせることが減っています。

そのため、ＣＣで情報共有をしようという人が増えているのでしょう。

ビジネスメール実態調査２０２０を見ても、メールの送受信数は増えています。

仕事で１日に送受信しているメールの平均通数

	2016 年 (n=3,088)	2017 年 (n=2,395)	2018 年 (n=2,917)	2019 年 (n=3,499)	2020 年 (n=1,552)
送信数	12.13	12.62	11.59	11.59	14.06
受信数	54.55	39.28	34.3	38.07	50.12

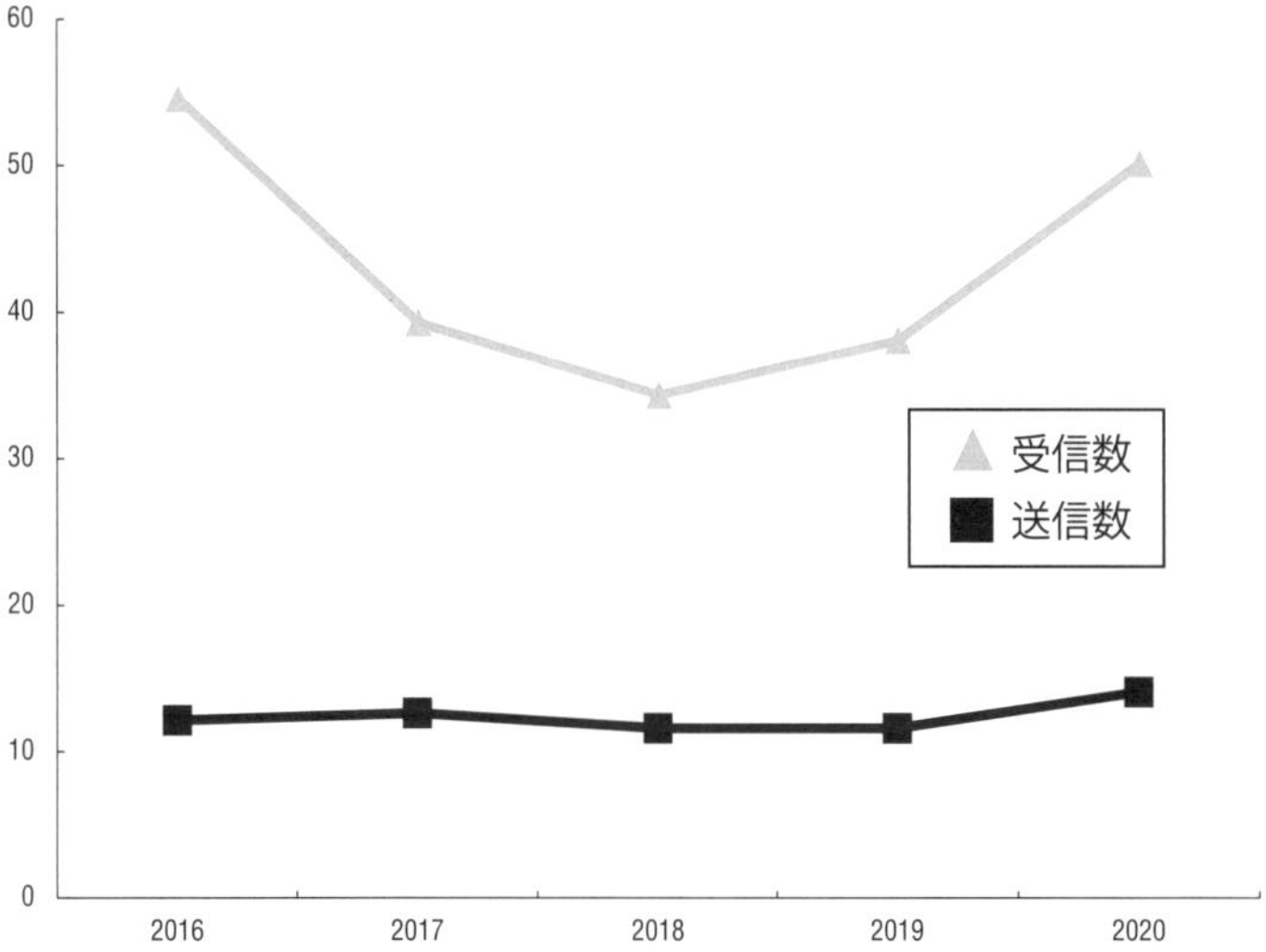

	経営者・役員クラス (n=266)	部長クラス (n=129)	課長クラス (n=222)	係長クラス (n=124)	主任クラス (n=161)	一般社員 (n=560)	その他 (n=90)
送信数	15.84	20.30	15.61	15.18	13.93	14.46	10.84
受信数	52.91	96.48	55.14	58.63	57.65	36.14	24.79

メールの受信数が顕著に多いのが部長クラスです。

これは、部下からの共有メール、さらに会社の上層部からのメールも多いと推察されます。

ある企業の部長職の人から次のような話を聞いたことがあります。

「CCのメールが多すぎて、業務に支障をきたしている」

「CCのメールは見なくてもいいものが大半なので無視している」

これでは、本末転倒です。

メールを処理するために残業したり、自宅でもメールをチェックしたり。

メールの洪水に溺れる人がいる事実を受け止めて、**メールを減らす取り組み、効率化を真剣にするべきです。**

不要なCCは受け取らない

不要なメールをCCで受け取っているなら、CCに入れないように働きかけるべきです。届くメールを1通でも減らすことができれば、目につくものが減るわけですから、効率が上がって当然です。

例えば、購読しているメルマガなどでも同じ考えが応用できます。

読んでいないメルマガは、今すぐ解除してください。

あるいは、取っておきたいけど今は読まないなら、既読にして「メルマガフォルダ」に振り分けるようにします。

私も大量のメルマガを購読していますが、検索するために残しておきたいものもあります。

今すぐには読まないけど未読になっていると気になるから、毎日既読にするという手作業をしている。

これって無駄でしかありません。

振り分け（仕分け）のルールを設定するだけで、自動的に目に触れない状態は作れます。届いたメールを見て「不要なメルマガだから削除」という判断を毎日しているなら、ここに意思の力が使われてしまって、小さな疲労がドンドンたまっていきます。

これはメールの仕分けや処理で一日が終わってしまう人にありがちな傾向です。メール対応に追われて、本来やるべき仕事が手付かずのままになっているはずです。

メルマガ、メーリングリスト、通知など、やめられるものがあれば、今すぐやめましょう。

自宅のポストに例えるとイメージが湧くかもしれません。

毎日、必要ないチラシが大量に投函されていたらどうでしょう。

チラシを投函されないように貼り紙をしてブロックするはずです。

でも、メールボックスは郵便受けのように小さなスペースではありません。

そのため、量を気にしないのです。

郵便受けが無限大の容量で、毎日手動で郵便物を選別することを想像してください。

届くものを減らすのが、効率化の第一歩です。

あなたが上司であり、共有メールを受け取る立場なら、本当に必要な共有かを考えてください。

進捗を知りたいだけなら、日報に書いてもらえばよいでしょう。

場合によっては週に1回、概要を送ってもらえば十分かもしれません。

私はＣＣから積極的に外れるようにしています。

例えば、研修の依頼が問い合わせフォームから入ったら、担当が対応します。

そのとき「ＣＣに私を入れなくていい」と伝えています。

研修業務は、決まった担当に対応を任せているからです。

過程の報告は不要で、結果だけ報告するよう依頼しています。

細々としたやり取り全てに私が入っていたら、どうでしょう。

日程調整、原稿の確認、資料の修正、見積もり、請求、前日のリマインダー……このメール全てに目を通すのは非効率です。

私が知りたいのは、次の三つの情報です。

「研修の依頼がきた」（どのような仕事が発生するのか見通しを立てたい）
「詳細が決まった」（どのような案件か把握したい）
「請求完了」（請求が終わったことを把握したい）

日報や週報など、進捗の確認ができる場所はいくらでもあります。

報告が面倒だから、ＣＣで共有して楽をしようとしているメールが多いようです。

そこに気付いたら「私が必要な情報は○○だけだからＣＣから外してくださいね」と伝えればいいのです。

ＣＣに入れたことで、共有したつもりになっているけど、全く共有になっていないということが多いのです。

一方で、ＣＣを減らすことで、効率が落ちることがあります。

例えば、**部下の報告にムラがあり、「あの件、どうなっていますか？」と何度も聞かなくてはいけない場合、全てをＣＣに入れてもらったほうが合理的なこともあります。**


結局のところ、ＣＣに入れることで、効率がよいのか、悪いのかを想像して判断するしかありません。

このＣＣにどんな意図や目的があるのかを考え、不要なメールを減らすことが効率化につながります。

メールと他手段の使い分け

コミュニケーションのツールは年々増えています。

昔は、対面、電話、文書、メールくらいしかありませんでした。

それが、チャット、ソーシャルメディア……と種類が増えています。

テレワークが当たり前になった今、ＺｏｏｍやＴｅａｍｓといったＷＥＢ会議サービスなどを利用することも多いでしょう。


私はメールコミュニケーションの専門家なので、メール至上主義のように思われているかもしれませんが、そうではありません。

コミュニケーションが円滑になり、みんなが楽になるなら、どのような手段でもよいと考えています。

ただ、メールアドレスというものが存在し、お客さまが使っているならば、メールを仕事の中から除外するのは難しいと考えます。

仕事で使っている主なコミュニケーション手段（複数回答可）

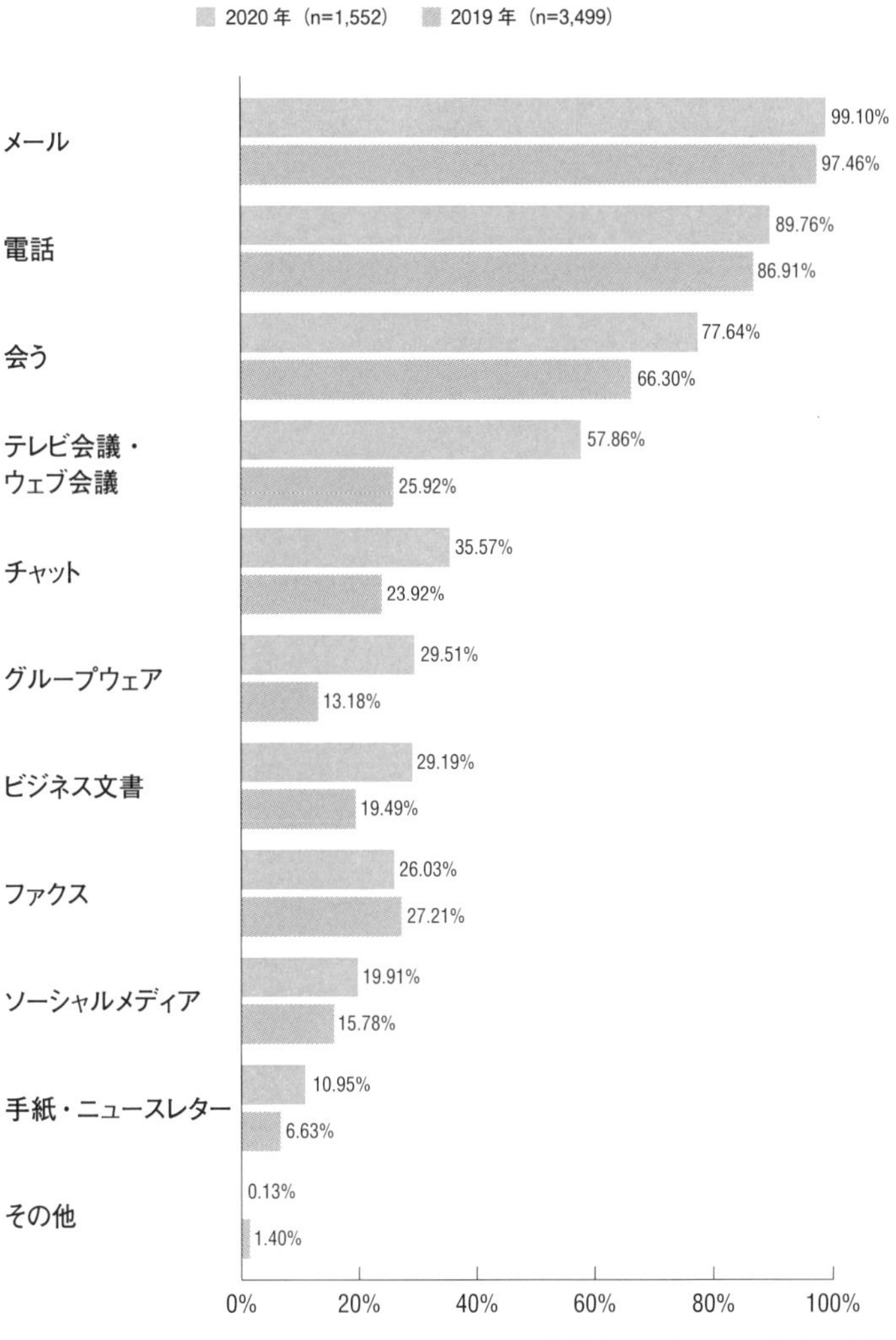

©2020 Japan Businessmail Association.

業務の効率を上げようと思ったら、**管理するものを減らすことが必要です。**

そのため、ツールをいたずらに増やすことには否定的です。

複数のツールを使っていると、チェックする習慣がないものは、どうしてもおろそかになり、対応の遅れが生じます。

便利そうなツールだからといって導入しても、管理するものが増えるだけで、かえって非効率になります。

ここでは個別のツールに言及するのは避けますが、お客さまから「○○というツールを使ってもらえませんか」と言われたら、私は「○○を入れてもいいのですが、管理するものが増えると抜け漏れが出たり、レスポンスが遅くなったりする可能性があります」と伝えて断っています。

それでも使ってほしいと言われたら「レスポンスが遅いときは、メールで催促してください」とお願いしています。

コミュニケーションは、相手が望む手段を使うのがベストです。

ただ、それによって自分の効率が著しく落ちるなら、断るくらいの気持ちでいましょう。

仮に、そのお客さまとの取引がなくなっても、非効率な時間やストレスを回避したことで、他のことに時間を投資できるようになり、新たな取引を生み出す可能性もあります。

ちなみに、私はメールをメインのツールとしています。

それでも、返事がなかなかもらえないときに、フェイスブックやＬＩＮＥなど別の手段を使うこともあります。その手段を使うことがゴールではなく、連絡を取ることが目的なのです。手段ばかりにとらわれることのないように使っていきたいところですね。

中には、社内とのやり取りが中心の人はメール以外のツールに集約、社外とのやり取りも多い人は今のままメールを利用して他のツールを併用するという企業もあるでしょう。

手段はあくまでも手段でしかありません。

コミュニケーションの目的があり、それを叶えるために手段（ツール）が存在するのです。

ツールありきの考え方では、コミュニケーションが上手に取れるはずがありません。

メールの返信は一問一答

メールの返信をするときに、気をつけたいのが、何に対する返事なのかということ。

例えば、あなたが相手に三つの依頼をして「承知しました。」と一言だけ書かれた返事がきたとします。

通常であれば、この対応でも問題ありません。

三つの依頼を受けてくれたんだなということが分かります。

しかし、その三つの依頼の一部を見逃している人が一定数いるのです。

例えば、「9時に会社にきてください。」「昼休みは12時から13時です。」「交通費は出ません。」のように三つの情報があったときに「承知しました。」と返事をしたら、この三つに対して了承していると取るでしょう。

でも、「私は前の二つに対して『承知しました』と言っただけで、最後の一つは了承していません」という話になることがあるから厄介です。

前者だけ見て返事をした。

後者については後で反論しようと思って返事を書いた。

考えられる意図はさまざまですが、本人に聞くしかありません。

一度でも、このようなコミュニケーションのずれがあれば、**それぞれに対して返事をするよう相手に求めます。**


「念のため、それぞれに対してコメントを付けてください。」

「以前、コミュニケーションのずれがあったので、一つ一つに対して、承知したのであればその旨を明記するようにしてください。承知できないものがあれば、それもお知らせください。」


このように、後に証拠となる言葉を残すのです。

その後、揉めることになれば、そのメールを印刷して話し合えばいいのです。

このような対応をしないと、どうなるでしょう。

メールのコミュニケーションに責任が持てない人は、嘘をついたり、話を作ったりします。

たとえ論理が破綻したとしても、自分の正当性を主張しようとします。

そこで論破しても意味がありません。

解釈のずれをなくすのが目的なので、一つ一つの項目に対して、コメントを付けるように促すのが一番の解決策です。

私は、依頼を受けたらそれぞれの文章に「かしこまりました。」「承知しました。」「間に合わせます。」などのちょっとした相槌を打っています。

その文章に対してコメントを付けて戻すので、**部分引用を使って返信するようにしています。**

メールの返信は、一問一答形式にするのがオススメです。

これが後で証拠にもなります。

全文引用で返信するときは「以下の三点について、全て承知しました。」のように書いています。

答えが曖昧だと、それを自分の都合のいいように解釈して、一歩も譲らない人もいます。

自分の解釈を正論だと主張し、押し切ろうとするのです。

そのようなコミュニケーションは疲弊します。

そうならないためにも、誰が読んでも解釈が変わらないよう、他にも解釈できる可能性を生まないような、書き方をしていきましょう。

全文引用と部分引用を使い分ける

永遠と続く返信メール。

全文引用をして過去のメールを残す人も多いでしょう。

過去のメールをいつまで残すか議論になることがありますが、全文引用は全てを残します
アポイントの依頼メールが、いつの間にかサービスの導入に関する内容に変わっている。

そんなことも珍しくありません。

用件が変わったら件名を変えます。新規作成に近い状態になるのです。いつまでもアポイントを取ったときのメールで続けてはいけません。

普段、私はメールを下までスクロールして、相手が書いた情報が他にないかを確認しています。

まれに、過去の引用メールの一番下に、再度コメントを付けている人がいます。書き方としてはイレギュラーケースです。

毎回、下までスクロールして確認するほうが、トラブルにはなりにくいのですが、やり取りが増えればメールは長くなり大変です。

その場合、相手に**「過去のメールって、全文引用で残したほうがいいですか？」と聞いてみてください。**メールの検索が得意な人は、検索すればいいと思っているので、そこまで残す必要がないと考えています。

これまで、私もいろいろな人に「過去のメールを残してほしいか」を聞いてきました。

その結果、途中で担当者が代わる（増える）可能性がある場合だけ残してほしい、という要望が多いことが分かりました。

具体的には、研修の依頼をされて話を進める際、途中で異動になる可能性があるので経緯を残しておいてほしいと言われたことがあります。

部分引用で返信する際、終わった部分を削除するのは問題ありません。どんどん増えていく不要な情報が目障りにもなりません。

しかし、終わっていない部分を削除する人がたまにいます。答えたくないことがあるからごまかしたい（なかったことにしたい）、都合の悪いところを再読させたくない、などいろいろな意図がありそうです。

都合のいいように、相手のコメントを削除してつなげる人もまれにいますが、これも場合によっては悪質な対応と映ります。

実際に、次のようなやり取りがあったら、どう思われるでしょう。

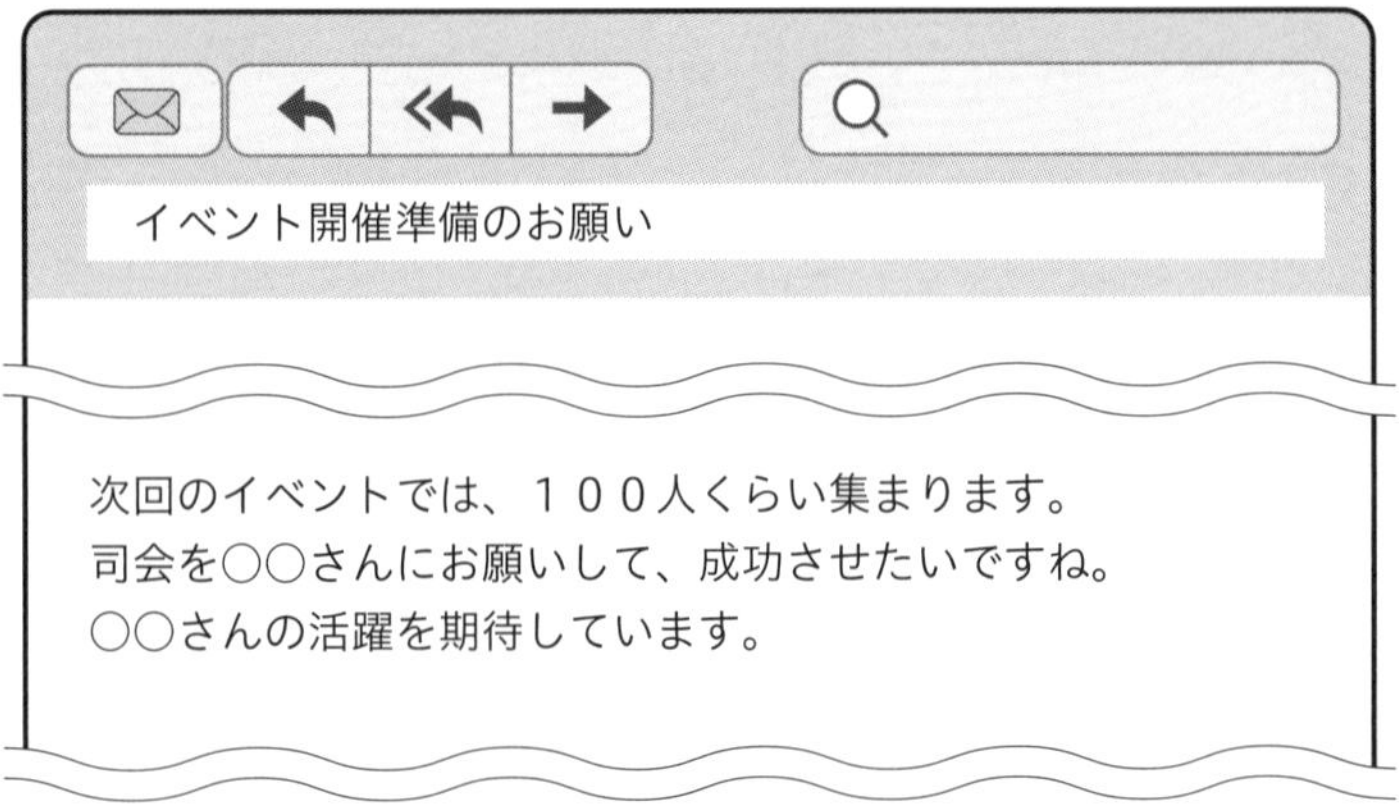
イベント開催準備のお願い
次回のイベントでは、１００人くらい集まります。
司会を○○さんにお願いして、成功させたいですね。
○○さんの活躍を期待しています。

このようなメールへの返信を次のようにするケースがあるのです。

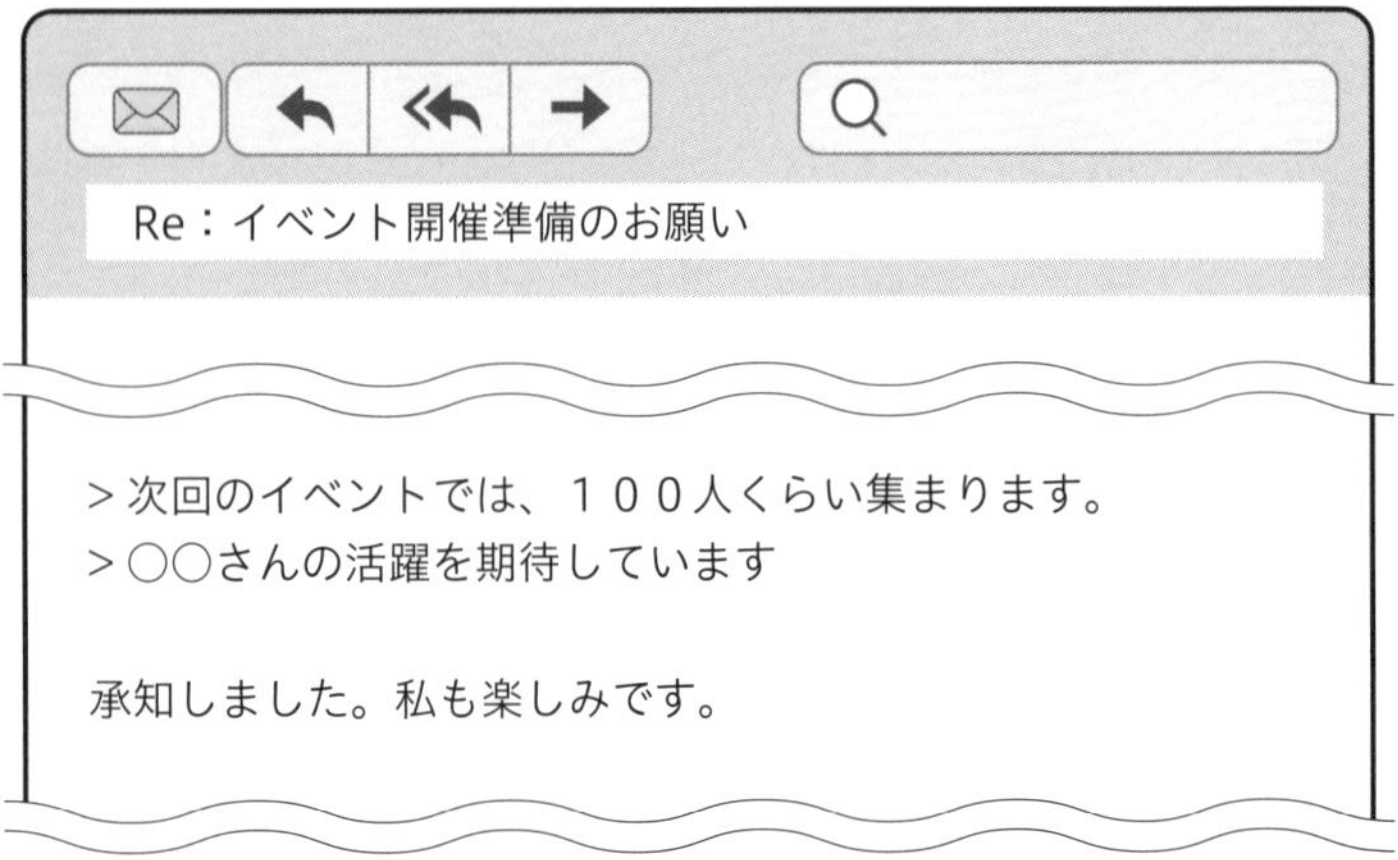
Re：イベント開催準備のお願い
＞次回のイベントでは、１００人くらい集まります。
＞○○さんの活躍を期待しています
承知しました。私も楽しみです。

返信の引用箇所から「司会を○○さんにお願いして、成功させたいですね。」の一文が消えています。

このように一部を削除して返信するとどうなるか。

相手の発言そのものをなかったことにして、自分は答えなくていいという状態を作れます。

「司会をお願いできますか」と依頼されているのに、それを無視しています。

この返信では、司会を引き受けてもらえるのか分かりません。

問い合わせる手間が発生します。

削除してきたということは「司会をやりたくないのかな」とも思えます。

そう指摘したら「間違って消しちゃいました」と意図的ではないと反論するかもしれません。

でも、こうした返信をされたら、目的を持って、わざとそうしているようにしか思えず、違和感だけが残るでしょう。

信頼は著しく低下します。

自己開示で距離を縮める

メールは仕事を円滑に進めるためのコミュニケーション手段の一つです。
そのため「メールには余計なことを書くな」という考えも耳にします。
しかし、潤滑油という観点で考えると、必要なことだけだと足りない気もします。
例えば、メールを送る相手が住む地域で自然災害があったとします。
そのとき、いきなり本題に入ると性急すぎるという印象を与えかねません。
場合によっては、仕事のことしか考えていない、心がない人だ。
そのように感じられる可能性もあります。

「大雨が続いているようですが、○○さんのお仕事に影響はないですか？」
「台風が直撃するようですので、私の仕事は少し遅らせても問題ありませんよ。」

このような一言があるだけで印象は違います。

自然災害がないときも、私はメールを書くときに、ワンクッション入れることを心がけています。

いきなり本題に入るのではなく、次のような一言を入れています。

「早速のご回答ありがとうございます。」
「先日は、お時間をいただきましてありがとうございます。」
「弊社の案件のために、遅くまでありがとうございます。」

困ったときは、「ありがとう」から書き始めると、性急さがなくなります。

この気持ちを相手が受け止めてくれて「さあ！　読もう」という気になってくれます。

対面でお礼を言わない人もいますが、そのような人はメールでもお礼を書かない傾向があるようです。

「○○をやってもらって当然」と考えるのではなく、やってもらったことに感謝して、その後に本題に入ったほうが相手も気持ちがいいはずです。

コロナ禍により、このワンクッションにもちょっとした変化が見られます。
今までよりも、自己開示をしたり、再会を願ったり、相手の事業の状況を心配したり。
より密なコミュニケーションが増えているように思います。

「○○さんのところは、お客さん減っていないですか?」
「5月の売上は、昨対で50%以上減りましたが、なんとか乗り越えられそうです。」
「状況が落ち着いたら、また一緒に飲みに行きたいですね。」

相手を気遣う一言は、自分の言葉で書きましょう。

「いいなぁ」と思って使ったフレーズも、その言葉が状況に合っていて、本心だと思ってもらえなければ気持ちは届かないからです。

一緒に飲みに行ったことがない人に「また、飲みに行きたいですね」と送っても不自然なのと同じです。

相手に対して、どんな気持ちを抱いているのか、その人が今どのような状況なのかを考えて、自分の言葉を紡ぎ出してください。

研修や取材の現場で「相手を絶対に落とせる最強フレーズはありますか？」と聞かれることが多いのですが、そのようなフレーズは残念ながらありません。

どんなに強いフレーズも2回続けて使えば、相手は「またこのフレーズだ。いいこと書いているけど本心ではないってことか」と見抜きます。

テンプレートを使って楽をしているだけだと思われます。

打ち合わせのときに相手が咳をして体調が悪そうな様子だったとします。

その後のメールで「打ち合わせ中は体調が悪そうでしたので、ゆっくりお休みくださいね。」と書いたら「気遣ってくれてありがとう」と思ってもらえるでしょう。

でも、次のメールにも「前回の打ち合わせ中は体調が悪そうでしたので、ゆっくりお休みくださいね。」と全く同じ言葉を書いたらどうなるか、答えは明白です。

相手に寄り添った言葉は、最初は印象に強く残り、好感を与えます。

でも、同じ言葉が続いた瞬間に、印象は一気に悪くなるのです。

一方、印象の弱い言葉は何度使っても違和感がありません。

「近くへお越しの際はお気軽にお立ち寄りください。」
「ご不明点がございましたら、お気軽にご連絡ください。」

このような言葉は決まった言い回しなので印象に残らないからです。
相手に響く言葉は一つではありません。
心を込めて、自分の言葉で伝えましょう。

メールの雑談力を高める

メールが上手な人は、**自分の近況や仕事の進捗など、ちょっとした雑談を織り交ぜています。**とりとめのない話をダラダラするのではなく、仕事を前に進めるための雑談が上手なのです。

雑談にも目的があります。

自分の言いたいことをぶちまけてスッキリしたい。

不安が強くて頑張っていることを認めてほしい。

このような場合、メールに書いて自分はスッキリできても、読んだ相手を悩ませる可能性があります。

「どうやって返信したらいいんだろう」

「この発言にはどんな意図があるんだろう」

仕事である以上、相手を困らせるような雑談は要りません。

私は「書きたいだけ」「認めてほしい」という雑談メールを受け取ったら「そうなんですね」「それは大変ですね」と軽く受け止める程度にして、「なぜそうなったんですか？」「こうやったら解決できますよ」のような質問やアドバイスはしないようにしています。

質問をするとさらに雑談が長くなって時間を奪われたり、相手が求めていないのにアドバイスをするのは余計なお世話になったりするからです。

相手が解決を求めていないと感じたら、聞くだけが一番。

雑談の達人は、目的をしっかり考えて雑談しています。

相手から情報を引き出すための雑談、こちらの取り組みをアピールするための雑談、相手の出方をうかがうための雑談などがあります。

私も「○○さんのところは、××の影響は出ていますか？　うちの会社は、セミナーの参加者が半分くらいになって……今、少人数だから、狙い時なんですけどね」なんて雑談をしたことがあります。

その結果、私のセミナーに社員を送り込んでもらったこともありました。

このとき、私の雑談の目的はセミナーの集客です。

「今、ちょうど執筆が始まったばかりなので、新しい取り組みはいったんストップしているんですよ」と雑談を交わしたこともあります。

これによって、相手が書籍に興味を持ってくれて「予約しますね。」というメッセージをもらったこともあります。

書籍を予約するといっても多くの人は忘れてしまうので、発売の直前や予約がスタートした段階で、個別のメッセージを送るようにしています。

「予約しますね。」とメッセージをもらったときに、カレンダーに予定を入れたり、メールを作って下書き保存したり、予約配信を設定したり、すぐに作業してしまうのが一番です。

人は、自分が知りたいことしか知ろうとしません。

伝える側は、一度伝えたら伝わったと思い込み、何度も伝えるのは失礼だと思うかもしれません。

でも、相手は自分にとって重要ではないことは覚えていません。

聞き流しています。

なので、重要なことは何度でも伝え続けましょう。

第 4 章
主導権を握る メール交渉術

二人からの業務指示への対処方法

会社の指揮命令系統が一本化されておらず、いろいろな人から指示や依頼が飛んでくることがあります。

依頼された側は、どの指示を優先すべきか分からなくなり、フリーズしてしまうことも。二人から「今日中にやってほしい」という依頼がきたけど、どんなに頑張っても、両方に対応するのは不可能で、徹夜しないとこなせない。

そのような事態に陥ったとき、あなたならどうしますか？

まず、考えられる原因を整理して、対応を決めましょう。

●依頼者の二人ともあなたの現状を把握できていない

依頼者が、自分以外からもあなたに依頼がいっているのを、把握していない可能性があります。

あなたが現在の状況を報告していなかったため、たまたま依頼のタイミングがかぶってしまうということもあるでしょう。

その場合は、**それぞれにメールを送って状況を説明します。**

状況が分かれば、どちらかが手を引く、スケジュールを調整するなど対処してもらえます。

●依頼者の片方しかあなたの現状を把握していない

片方しか把握していないなら、**後から依頼してきた人に事情を説明します。**

他からも依頼がきているから今日中にはできない「理由」と、いつまでならできるという「期限」を伝えて指示を仰ぎます。

事情を伝えても「今日中に対応してほしい」と要望されたときは、依頼者同士で話し合ってもらうようにしましょう。

●依頼者の二人ともあなたの現状を把握している

二人からあなたに依頼があることを把握している場合、同日に処理することはできないくらい時間がかかることを分かっていない可能性があります。

それぞれの業務に**かかる時間と、その理由を伝えます**。

それでも、やってほしいというならば、どのような手順だったら二つの業務が期限内にできるのか、アドバイスを求めましょう。

もしかしたら、あなた自身の仕事の進め方が間違っていて、対応できないと思っているだけかもしれません。

一番まずいのは、できないのに「できる」と言って、引き受けてしまうこと。

よく考えないで、軽々しく「分かりました」「できます」と引き受ければトラブルになります。

できると思って引き受けた後も、**間に合わないと分かった段階で速やかに報告します**。

問題を先送りにして何も言わないのが一番の問題です。

催促は、1分1秒を過ぎたときに

仕事を滞りなく進めるためには催促のスキルを高めてください。

本書を読み込み、実践したあなたは、自分のメールは完璧に書けるかもしれません。

しかし、相手はコントロールできないもの。

仕事を円滑に進めようと思ったら、相手から予定通りに返信をもらうことが重要です。


メールで主導権を握るコツはズバリ催促です。


相手からの返事がないときに、相手のことをおもんぱかってしまい、待ってしまう人がいます。

しかし、これは逆効果です。

多くの場合、相手もメールの返信ができていないことを気にしています。

「今日が期限と伝えたけど、まだできていない。相手が気付いていなければいいなぁ。催促されたら嫌だなぁ」こんな考えが頭をよぎりつつ、仕事をしているはずです。

メールに忖度は不要です。

忖度することで、それ以降も忖度を期待される可能性があります。

忖度したことで、自分に利益はあるでしょうか？

気遣いがあっていいと思われるかもしれませんが、都合のいい人だと受け取られる可能性もあります。


例えば、3月28日14時が期限だとします。

1日過ぎて、翌日29日14時に催促したら、どうでしょう。

「なんだ……まだ余裕があったのか。バッファも込みで依頼をしているんだな」

「1日遅れでも問題ないのか。○○さんはルーズだな」


このように相手は学習します。

仕事をする上で一番怖いのがこれです。

催促をしない人は、余裕があると思われて後回しにされます。

28日14時過ぎに、すぐに催促をしたらどうなるでしょう。

「やっぱり急ぎなんだ」
「○○さんの期限は守らないとまずいなぁ。次から優先順位を上げないと」

このように相手の意識を変えることができます。

しっかり催促する人は、仕事の管理ができている人、期限に細かい人だと思われます。
その結果、優先順位を上げなければならない人と認識されるのです。

1日余裕を持ってから催促するAさん、すぐに催促するBさんの二人がいたときに、どちらの生産性が高いでしょう。
言うまでもなく期限に細かいBさんです。

相手が遅れる可能性を考慮して、バッファ込みで依頼することがありませんか？

それは余裕を持った依頼ですが、バッファを使い切るまで催促をしないと悪循環が生まれます。

あなたがどんなにギリギリまで待っていて、裏で根回ししたとしても、それは伝わりません。相手は、遅れを許されたときに学習します。

バッファがあっても、それを見せてはいけません。

バッファがあったとしても、期限を越えたら催促します。

そのときに「1日なんとかならないか」と相談されたら、「難しいかもしれないけど、調整してみる」と伝え、バッファを使うのです。

「今回は調整できたけど、次は分からないから、期限を守ってくださいね」と伝えることも忘れずに。

私は、本当の期限を事前に伝えるようにしています。

期限を越えたら、どんなリスクがあるかも伝えます。

講演の日程の仮おさえだったら「この日を越えたら、別の企業の依頼を受け付けます」

というイメージです。

実際に、期限を越えたら仮おさえを解除します。

私も仕事はほしいですが、この程度の期限を守れない人と仕事をしていると、後に大きなトラブルに見舞われる可能性があるからです。

もちろん、このように催促するなら、自分自身が普段から期限を守るしかありません。

自分は期限を守っていないのに、催促だけしっかりするのは、自分勝手としか映りません。

信頼を失い、さらに期限を守ってもらえなくなるでしょう。

敵対してもいいことはありません。

催促される前に、自分は対応する。

人に対しても、期限管理をしっかりする。

これを繰り返していくと、期限を重視して仕事をする人だという印象が形成されます。

ここまでくると、たまに期限を破ったとしても、「いつもしっかりやっている○○さんだから、何かあったのでは？」と思われます。

「本日が○○の期限ですが、進捗はいかがでしょうか。もし、すでにお送りいただいている場合は受け取れておりません。大変恐縮ですが再送をお願いします。」

催促するときは、このように**相手を一方的に責めるのではなく、逃げ道を作ってあげて、丁寧な文章で催促します。**

強い催促をしたけど、実はこちらがメールを見逃していたということになれば、力関係が悪くなります。

自分が必ず正しいとは限りません。

相手を思いやる心は必要です。

確認で主導権を握る

相手がいつも期限を守ってくれない。守ったとしても、ギリギリになってヒヤヒヤする。

この場合は、**事前に確認メールを送り主導権を握るようにしましょう。**

ここでも一切の手加減は必要ありません。


遅れを何度も許容するようなことはせず、リマインダーという形で確認をしていきましょう。


「本日が提出期限ですが、進捗はいかがでしょうか？」

「もし、対応が少しでも遅れる場合は、分かり次第お知らせください。」

「期限を越えた場合は、○○の対応ができなくなるのでご了承ください。」


このように1通のメールで釘を刺しておくと、相手の動きがよくなります。

それでも遅れた場合は、**「遅れるという報告がないとなぜ困るのか」をしっかり説明しましょう。**

メールの対応遅れが頻発する相手に対して、このようなメールを送ることで、事故を未然に防ぐことにもつながります。

それだけでなく「この人の期限は守らないといけない」と思わせることにつながります。人は仕事をする中で、相手を見て手を抜くようになるからです。

「この人は、口うるさいからきちんとやらないと」
「この人は、ルーズだから適当でいいや」

本人に自覚がないケースが大半ですが、このように相手を見て甘えているのです。

リマインダーを送ることは、社内だけでなく取引先や顧客にも有効です。

中には「お金を払っているんだから自分は偉い」「相手がもうちょっと融通を利かせるべきだ」と考える人がいるかもしれません。

そのような相手に対しても、毅然とした態度を取りましょう。

相手が「なんとかなる」と思っているのであれば、なぜこのような期限を設定しているのかを伝えます。

理由が分かれば、相手も真剣に向き合わざるを得ません。

さらに、期限を越えた場合、どのようなデメリットが生じるのかも予告しておきましょう。この予告が、期限遅れの際、交渉の伏線となります。

私もいろいろな人と仕事をしてきましたが、期限を越えても「まだ大丈夫ですよね」という態度を取る人が少なくありません。

そのため、ことあるごとに次のように伝えています。

「お客さまの都合で進行が遅れた場合、納期もその分遅れます」

「場合によっては、その間、人を押さえているので、人件費分のコストが増えます」

長期に及ぶプロジェクトの場合、ちょっとした遅れが何度も生まれるかもしれないので、その都度こうして伝えます。

仕事は、相手が誰であっても対等に進めるべきです。

我慢して何も言わず、後で自分たちが苦労するのでは意味がありません。そうなったとしたら、自分の進行管理にも問題があります。

「まだ大丈夫だろう」

「なんとかなるはずだ」

このような状況になったとき、自己犠牲に走らないように。

自分が我慢すればなんとかなる、土日に出社したらなんとかなる、という働き方には無理があります。

段取りこそが仕事の肝。

段取り上手になりましょう。

催促される前に行動する

催促される側の効率についても考えてみましょう。

催促されるということは、今すぐの対応が求められるため、他の仕事の進捗にも影響を与えます。

今やっているものを明日に回すなどして玉突き状態になり、業務効率を著しく落とします。

さらに、周囲の信頼もなくなります。

普段の仕事がしっかりしていたとしても、こうした当たり前のことができないとなると、社会人としても失格だと思われます。

大きなプロジェクトなら期限を守って進めるけれど、日々の細々とした業務は期限を意識していない。

そうなっていたら危険です。

メールの返事が遅いのは、期限が書かれていないので、自分のタイミングで返信をしているからかもしれません。

自分のタイミングというのを都合よく解釈すれば、返事はいつまでもしなくてよくなります。

通常、1日に1回はメールを見ているはず。

難度の低いメールの返信が1日で戻ってこないと、相手はどう感じるでしょう。

「返信できるのに無視された」

「あのレベルのものが処理できないなんて、能力が低い」

ちょっとしたメールの返信が遅れることで、相手はペースの合わない人だと認識するのです。

仕事がうまくいく相手を思い出してください。

催促したことは、ほとんどないのではないでしょうか。

ここで期限についてもう少し深く考えてみましょう。

催促されるということは、期限を守っていないわけです。

通常のメールに期限が書かれていないことが多いのは、ちょっと確認するレベルだったら、あえて期限を設けるのは失礼だと考えるからでしょう。

どのくらいで返事がもらえるか、仕事を通じて身に付けた常識の範囲内の期限を誰もが持っています。

その範囲は、**遅くても24時間以内だと考えてください。**

もちろん、土日祝日は除きます。

平日のメールだったら、24時間以上待たされることはないというのが定着しています。

目標は3、4時間以内です。

相手は、その期限を守ってもらえるという前提で予定を立てています。

だから、メールに書いてはいないけど、多くの人にとって返信をもらえると期待する期限を越えると「遅いな」「催促したほうがいいかな」と思われます。

仮にすぐに返信ができないなら、受領の連絡をすればいいのです。

それも立派な返信ですからね。

質問に正しく答える

質問をされたら、それに答える。

そんな当たり前のことができていない人がいます。

以前、ある損害保険会社で企業研修を実施したときのことです。

私は研修の際に実際のメールを何通も見せてもらい、それらを分析して課題を見つけ、研修プログラムに盛り込むようにしています。

事前に受講生から、お客さまとメールが噛み合わないことに悩んでいると聞いていたのですが、そのメールを見て、すぐに納得しました。

お客さまは「私は保険に入れますか？」と聞いているのに、メールではそのことに回答していないのです。

「入れます」「入れません」のどちらかの回答をお客さまは聞きたいのに、それ以外の情報がたくさん書かれていて、結局どちらなのか分かりません。

読み取り方によっては、「入れる」とも「入れない」とも解釈できてしまいました。

ビジネスメール実態調査２０２０によると、質問に答えていないというのが不快なメールの第１位です。

自分の質問に答えてもらえないため、要求が満たされず不快感を募らせているのです。

お客さまは、相手が分かってくれるという前提で言葉足らずになることがあります。

このくらい分かってくれるだろうという期待があり、簡潔に書くこともあります。

メールアドレスを見たら誰だか分かるだろうと考え「まだ商品が届きません。」とだけ名乗りもせずに一行でメー

不快に感じた内容（複数回答可） (n=640)

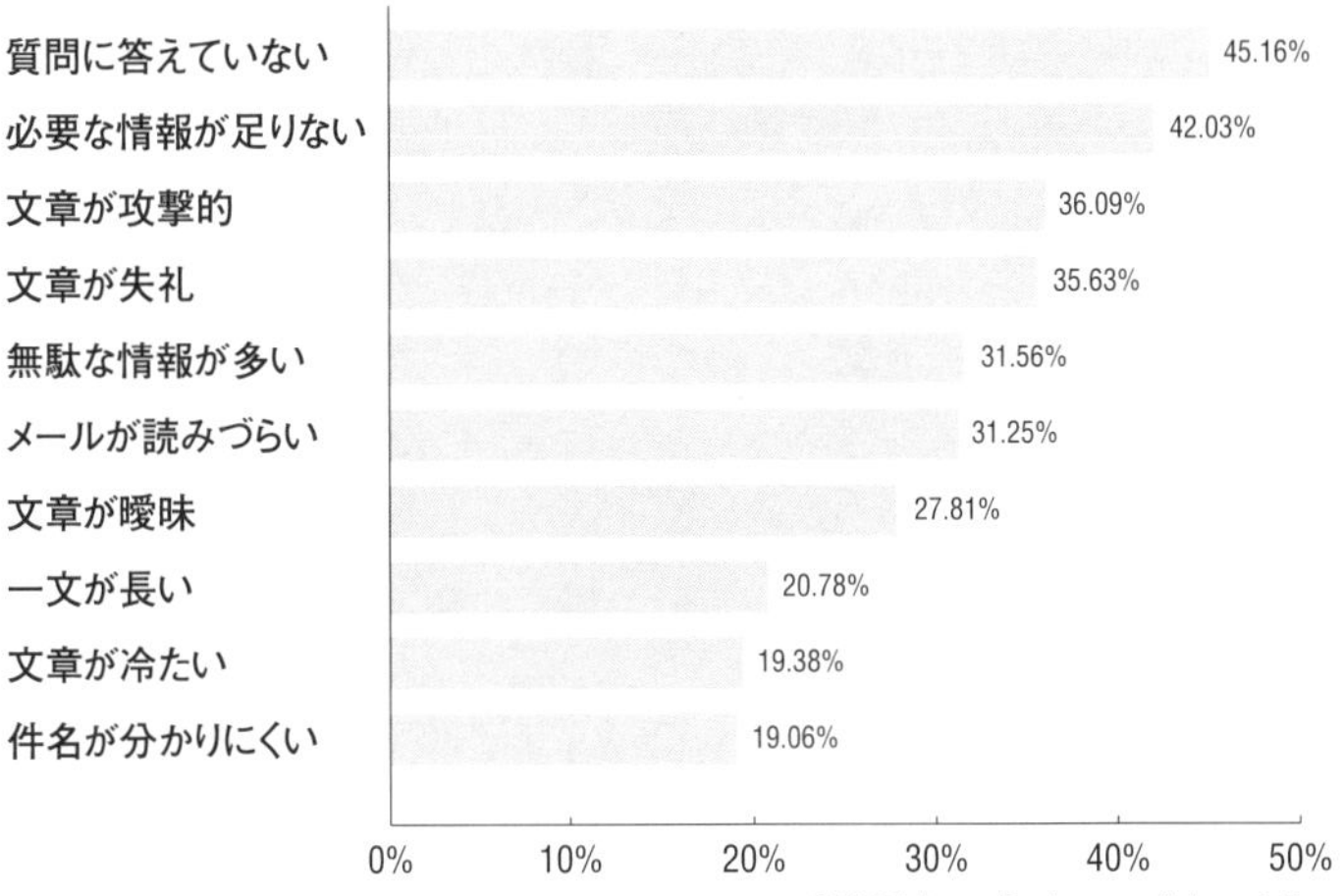

©2020 Japan Businessmail Association.

ルを送ることもあります。

逆に、要領を得ない長文メールで、何が質問か分からないこともあります。

その場合は**相手のメールを印刷して、質問の箇所に赤丸を付けてみてください。**

意外にも研修ではお客さんの質問の箇所が分かっていない人が多いのです。

例えば「私は8人家族です。免許をとってから23年です。年間走行距離は、8000㎞です。この場合、保険の金額はいくらでしょうか？」のようなメールが届いたとします。

「このお客さまの質問を端的にいうと何ですか？」と聞くと、お客さまのメールを全て復唱しようとします。

この場合、お客さまが聞いているのは「保険料がいくらか」ということだけ。

質問の本質を抜き出せないと、回答がずれます。

「相手が一番聞きたいことは何ですか？」

「相手は、どんな論点で語っていますか？」
「相手の質問を端的に示すと何ですか？」

このように自分自身に質問してみましょう。

最近、メールをきちんと読めていない人が多いように感じます。
相手がどんな論点で語っているのかが読み取れないと、違う論点で語ってしまうことになります。

それでは、メールのやり取りが噛み合うはずがありません。
最後には、不信感や不満感を生みます。

質問に答えてもらえなかった場合

質問に答えることを徹底しても、相手が質問に答えていない場合はどうしたらよいでしょう。

実は、昔の私は次のように考えていました。

「わざと回答しないんだな」
「やりたくないんだな」

こちらの意図は伝わっていて、あえてそのような対応（質問箇所の無視）をしているのだと思っていたのです。

しかし、あるとき、そうではないのかもしれないと自分の思考を疑ってみました。

「○○の回答が漏れていますよ」と確認メールを送ったところ「見逃していました」という返事とともに、求めている回答が届きました。

無視をしていたのではなく、見逃していただけ。

返事をもらうことが目的なので、理由は問題ではありません。

返事がこないときは確認するしかないですね。

質問者としては、回答漏れがあったら、すぐにそれを伝えてください。

ちょっとした回答漏れでも、相手にとっては無視をされたと映ることがあるので、自分自身も問い合わせや質問を受けたら回答漏れがないように細心の注意を払います。

回答漏れを意図的にしている人は、自分の都合の悪いところを無視する傾向があります。

このようなメールを受け入れてしまうと、都合の悪いことは返信しなくてもよいのだと相手に学習させることになります。

それが互いのためになるはずはありません。

このことに気付いてから、質問の回答漏れがあると「回答が漏れていますよ」と何度でも書くようにしています。

相手のメールの読み方が、自分と全く同じだと考えてはいけません。

安易に推測して、仕方がないと思ってはいけません。

こちらが望まない行動が出ているなら、それを伝え、是正を求め続けるしか答えはないのです。

回答漏れがあっても、そのままにしないというスタンスを貫きます。

マネジメントする側でも部下の立場であっても、答えがもらえるまで質問を続けましょう。


「○○の回答が抜けているようなので、ご確認ください」


このたった一言を送り続けるだけで、相手の行動はドンドン変わっていきます。

「抜けています」でもいいのですが、相手が別メールで返信していたり、こちらが勘違いをしていたりする可能性もあります。

そのため、**「ようです」と断定しない口調で書くのがコツです。**

曖昧メールには具体的に質問を

自分は、曖昧さを回避してメールを書いたとしても、相手のメールに曖昧さが残っていることがあります。

「もうちょっとやってほしいなぁ」
「なるはやでお願いします！」
「いい感じで仕上げてください」

このような抽象的な言葉を使うことで、推測する力を養うことになるのかもしれませんが、ミスが許されない現場では、明確な指示を共有することが重要です。

このような曖昧なメールがきたら、相手の意図を予測し、その範囲内で対応しようとします。

例えば、「なるはやで」と言われたときに、いつも最優先で対応したとします。

あるとき、自分の中で最速で対応したのに相手の評価が低かったらどうしますか。


「こっちは、早くって依頼しましたよね」

「こんなに時間がかかるんですか？」


そんな言動にカチンときても態度に表してはいけません。

あなたの「なるはや」と相手の「なるはや」が違ったのです。

人は、曖昧な言葉を使うことで衝突を避けて、波風を立てないようなコミュニケーションを取っている一方で、その曖昧さがときに誤解を生みます。

そのツケが回り回って今、問題が発生しているのです。

私は、このような曖昧なメールが届いた場合、まずは相手の意図を予測して、自分の対応が正しいかを検証していきます。

次のように確認をするのです。

「急ぎとのことですが、明日の12時までの対応でよろしいでしょうか？」

「今週中とのご依頼ですが、土曜日出社の予定があるので、土曜日に対応しますね」

こちらの解釈を伝えることによって曖昧さを回避し、期限を合意することができます。

このような返信をして相手の意図と違うことが分かったら、相手がフィードバックしてくれます。

それによって、互いの期限や進め方を再認識することができるのです。

全ての曖昧なメールに対して明確な確認を行っても構いません。

しかし、次のような言葉をいつも発していたらどうでしょう。

「今日中では分かりません。時間で指定してください」

「今週中は、土日も含みますか？　日時で指定してください」

「なるべく早くということは、遅くなってもいいということでしょうか？」

このようなコミュニケーションを取って相手にストレスを与えている人に出会ったことがあります。

明確さも重要ですが、どこかで**曖昧さも残したほうが、コミュニケーションは良好になります。**

最近この曖昧さのさじ加減が分からない人が増えています。

セミナーで「相手との関係によっては、宛名で会社名や役職を省略しても構いません」と伝えると「相手との関係によってというのは、何回目から、変えたらいいのでしょう?」と真面目に質問してくる人がいるのです。

人と人のコミュニケーションである以上、画一的に処理できるものではありません。

そこは仕事をしながら学んでいくしかないのです。

考えて、感じて、コミュニケーションを取ってさじ加減を覚えていきます。

そのためには、経験を積むしかありません。

複数に読み取れるときの対処方法

私はメールを読むときに、複数のパターンで読むようにしています。
そのとき考えるのが、**相手がどんな論点で書いているのか。**
それを深読みします。

例えば、「このセミナーは、時間ちょうどに終わりますか？」と聞かれた場合、どんな意図があるでしょう。

・セミナーの終了時間を念のため確認したい
・終わったらすぐに退席しなくてはいけないので延長は困る

意図が読み取れないときは、相手に聞くという方法もあります。
しかし、それでは角が立つ可能性があります。

いきなり「なんで終了時間を知りたいんですか？」と聞かれたら相手もビックリすることでしょう。

相手がセミナーの終了時間を知りたいだけだと考えたら「17時ちょうどに終了します」と答えれば、表面的には相手の要求を満たしたことになります。

しかし、セミナーが終わってから、アンケートを書いてもらい、質疑応答の時間を取ったらどうでしょうか。

新幹線の時間があるからと、会場を退出したお客さまから「質疑応答も聞きたかった」と心残りに思われ、回答が不十分だったと憤慨されるかもしれません。

このときの模範解答は次の通りです。

「セミナー自体は17時ちょうどに終わります。その後、アンケートの記入と、質疑応答の時間を取りますので、その時間を含めると、17時10分過ぎには終わります。」

聞かれたことだけに表面的に答えるのでは足りません。

相手の質問に対する回答が複数ある場合は、質問者の意図をしっかりと考えて、その意図を汲んだ回答を伝えます。


相手の意図が複数に解釈できる場合はどうしたらいいでしょうか。

これも回答としては、非常にシンプルです。

「今回のご質問は、二つの意味に取れ、どちらなのかによって回答も変わってしまいます。まず、○○の場合は××です。逆に、△△ならば□□です」と**場合分けをして回答を伝えればいいのです。**

仮に相手の質問が97％この意図だと分かるなら、あえて残りの3％に触れなくてもよいでしょう。

でも、ときには自分の確率の見立てが外れることもあります。

「注意したほうがいいな」と思ったら、念のためもう一つの確率についても触れたほうが安心です。

どんなに気をつけても、１００％自分の意図を伝えたり、相手の意図を読み取ったりすることは不可能です。

どこかにボタンの掛け違えが起き、トラブルが生まれます。

複数の意図に読み取れるメールがあったら、注意深く対応しましょう。

私は普段、会話やメールで、相手の意図を把握するように努めています。

どんな文脈で語っているのか、どんなスタンスで語っているのか、何を論点に話をしているのか。

やり取りをしながら意図を理解して、その論点に沿った回答をするようにしています。

料金提示はメールで行う

料金の交渉や提示は、対面よりも、メールのほうがやりやすいと感じることが多いです。

相手が困っていると感じたら、値引きしてあげたいなぁと思ってしまいます。

対面で「なんとかなりませんか？」と懇願されたら、無理を承知で引き受けてしまうかもしれません。

しかし、安易な値引きは、利益の損失につながります。

頭で分かっていても、対面だと感情に訴えられて断りにくくなるのです。

弊社の場合、ＷＥＢサイトやチラシなどにセミナーや研修の料金を明示していますが、参加人数によってテキスト代が変動したり、研修の場所によっては交通・宿泊費など追加料金がかかったりすることもあります。

こういったことが言いにくいときは、メールに書くのがよいでしょう。

「研修費用以外に別途テキスト代がかかりますので、念のためお知らせします。」

「先ほどお伝えしていませんでしたが、東京23区以外の場合は、別途交通費をご請求しております。」

「口頭でもお伝えしていますが、念のため総額をお知らせします。」


このようにメールに書いておけば、記憶が曖昧になったときの証拠になります。

ただ送りつけるだけでは誤解が生まれる可能性があるので、必ず、**相手から「承知しました」という言質を取りましょう。**

その部分に対する返信がないなら、「あの料金で問題ありませんか。」「料金について疑問点があればお知らせください。」のように再度念押しのメールを送ります。

返事をもらっておかないと「料金について了承したとは言っていない」と揉めることもあるからです。


大切なのは、自社の値付けに自信を持ち「この金額が適正」というスタンスで臨むこと。

料金を提示したら、必ず承諾を得ること。

料金を提示したけど、その返事がない。
返事がないから、受け入れられたということだろう。
そう都合よく考えてはいけません。
ＹＥＳでも、ＮＯでも返信をもらい、その証拠をメールに残しましょう。

メールでの料金交渉で妥協点を探る

値引きを頼む側として、料金を安くしてほしい。
値引きを頼まれる側として、値引きにつり合う対価がほしい。
この二つのアプローチが噛み合えば、料金交渉は成功です。

「もうちょっと安くなりませんか？」と安易な値下げ要求。
これは、挨拶のようなもので「だめかもしれないけど、とりあえず言ってみよう」というケースが少なくありません。

失注する可能性が低いなら、いろいろ返答ができます。

「私もできることなら値下げしたいのですが、やはり難しいです。この金額でご了承いただけませんか？」

「上司にもかけ合ってみたのですが、この金額からの変更は難しいです。」

「定価自体をかなり低めに設定しているので、なんとかこの金額でお願いできませんか？」

「他社からも一切のお値引きは受け付けておりませんので、ご了承ください。」

相手側に理由はなく、とりあえず言ってみた、値引きしてもらえたらラッキーくらいにしか考えていないなら、このような返しで問題ありません。

相手の意向には理解を示しつつ、毅然とした態度で臨みます。

相手が理由を伝えてきた場合は、どうするべきでしょう。

「予算の関係で値引きをしてもらわないと社内の稟議が通せない」「他社からはもうちょっと安い金額で見積もりをもらっている」などです。

相手が購入したいと強く思っているなら、妥協点を見つけやすいでしょう。

「料金以外の面では、全てご納得いただけているのでしょうか？」と他に懸念がないことを確認します。

その上で、次のような質問を投げかけます。

「別の企業さまも同時に検討されていると思いますが、機能が劣っていても、値段だけでお決めになる可能性はありますか？」

「他社とはどの程度の価格差がありますか？　可能な限り、調整できないか考えてみたいと思います。」

ここでも、できると断言するのではなく、できる可能性を匂わせて相手の条件を引き出していきます。

情報が多ければ多いほど、接触頻度が高まれば単純接触効果により、交渉は有利に展開します。

メールの回数を増やすことは通常得策ではありませんが、交渉は小刻みに進めていくのが効果的です。

値引きを頼む側としては、相手が納得する理由を伝えることが重要です。

仕事は感情と理性で進みます。

「担当者としては、貴社に何としても依頼したいけど、社内からはNGがでています。なんとか協力して一緒に通していきましょう」といったスタンスで、感情に働きかけるのも効果的です。

理性に働きかけるなら、相手が値引きをするメリットを伝えます。

「今回の仕事がうまくいったら、継続して発注します。」
「お客さまの声を書くので、宣伝として使ってください。」
「お値引きをしていただいたら、メルマガなど自社メディアでご紹介します。」

交渉は、決裂する可能性がどのくらいあるかを予測することが重要です。

苦言を呈する丁寧な返信

メールでやり取りをしていると、たまにカチンと、ムカッと、イラッときたりすることもあるでしょう。

感情を持った人間がメールを使っているので、自然な反応ですから仕方がありません。

ただ、ここで我慢をするのではなく、ひと声かけておいたほうが今後のコミュニケーションが取りやすくなることがあります。


言いにくいことであっても、言うべきことはしっかり伝えて自分の望む方向に相手を誘導するのです。

例えば、月末締め、翌月末払いで請求書を送ったが、期日までに支払われていなかった。

相手に確認したら「請求月の末締め、翌々月末払いです。」と返事がきた。

こちらからは事前に、月末締め、翌月末払いについて確認をとり、了承を得ていた。

そうなると「なぜ、翌々月末払いなんだ。なぜ、今になって言ってくるんだ」と思うでしょう。

この担当者の進め方が気に入らなかったとしても、感情をぶつけたら失敗します。合理的な対応をするのが賢明です。

まずは、状況を整理します。

・こちらは、月末締め、翌月末払いで請求書を送った
・支払いがないので確認したら、請求月の末締め、翌々月末払いと返事がきた

このときの意図と返信のパターンは次の通りです。

●波風を立てず、払ってもらえさえすればいい

「お支払いの期日について承知しました。お手続きをお願いします。」

●こちらは間違っていない、相手に非があることを、やんわり伝えたい

「お支払いは来月末なのですね。承知しました。」

●相手に非があることをストレートに伝えたい

「お支払いの件は初耳でしたが、来月にお支払いいただけると聞いて安心しました。お手続きをお願いします。」

●相手に非があることをストレートに伝え、苦言を呈したい

「お支払いの件は、初耳でした。このような場合は、事前にお知らせくださいますようお願いします。」

どのパターンが正解ということはありません。

ただ、相手に苦言を呈するということは、それなりに根拠を並べて、過去のやり取りの確認が必要です。

これって結構労力が必要ですよね。

今回のゴールが支払ってもらうことなら、一言「承知しました。」でもいいわけです。

これから長い付き合いが始まるなら、こちらの主張をしっかり伝え、主導権を握る必要があります。

逆に、これから仕事が続くわけではないなら、最短時間で終わらせるのが一番。

もう一つ鍵になるのは、**自分の気持ちです。**

「私は悪くないのに、なんでこんなこと言われるんだろう」と後々夜も眠れなくなるようなタイプの人は、軽く苦言を呈する（相手に非があることを暗に示す）くらいの対応にしましょう。

これによって、自身の精神的な健康が保たれます。

私は時間を重視しているので、不要なことは言いません。

自分の精神のバランスが重要なら、ちょっとした苦言を呈するのはありですが、苦言を強く呈することによって、メールの応酬が始まるリスクもあります。

トータルの時間を意識した上で苦情を伝えましょう。

感情的なメールはトラブルの元

ついつい売り言葉に買い言葉。

感情的なメールを書いてしまう人がいるようです。

感情的なメールを書くと、自分の感情をコントロールできない幼稚な人という印象を与えます。

これが情熱的なメールだったらまだいいほうです。

どちらかというと前のめりでプラスの印象を与えます。

感情には、好き、嫌い、怒り、恐怖、不安、快、不快、不満、失望、喜び、悲しみ、嫉妬などいろいろとあります。

メールの場合、怒り、不安、不快、不満、失望といった感情が込められやすいようです。

「今回の結果には裏切られました。どう責任を取ってくれるんですか？」

「○○にならないかと不安で、仕事が全くできません！」

「なんで××してくれないですか？　失望しました。」

このような感情を表し、自分の主義主張を訴えたところで、相手を望む方向に誘導できるというのでしょうか。

感情だけを伝えても、相手の行動は変えられません。

マイナスの感情を分かってもらいたいなら、冷静に伝えるべきです。

先の文章を多少冷静なトーンに書き直すとこうなります。

「今回の結果は期待していただけに、ちょっと残念でした。」

「○○にならないかと不安なので、対策があれば教えてください。」

「××していただけると有難いのですが、いかがでしょう。」

ここから強いマイナスの感情は読み取れないでしょう。

自分の思っていることを文字で表現するとき、感情をむき出しにすると独りよがりな文章になります。

まずは冷静になって、現状をよりよくしていきたいという根底の感情に目を向けます。

具体的に、何に対して、どのような感情を抱いたのか。

どうしてほしいのか。

それらを攻撃ではなく、要望として言葉にします。

メールのすれ違いをなくす方法

コミュニケーションツールには一長一短があり、メールにも限界があります。

私は仕事柄、自分のメールスキルをもっと高めたいと思っているので、難度の高いものでもメールで対応してみようと考えます。


「これ以上書いたらこじれるかもしれないな」

「もうちょっと厳しく書いたほうが、動いてくれるかな」

「ここは、少し大まかな対応をしてみよう」


このように、さまざまに切り口を変えて実験を続けます。

あえてメールのセオリーから外したコミュニケーションを取ることで、新たなテクニックを身に付けようとすることもあります。

でも、多くの人はそこまでメールを極めたいわけではないでしょう。

それなら、**メールだと難しいと思ったら、あっさり諦めて電話にしてください。**

拍子抜けするような話ですが、メールでは伝わらないと感じたら、電話をするべきです。

どこに誤解がありそうなのか、会話をしながら理解を確認していきます。

1から10のステップがあったときに、5のステップで誤解が生まれていたなど、プロセスと原因が明らかになります。

自分がつまずいたところが分かれば、そこを課題として捉え、次回から気をつければいいだけです。

感情的な相手との対応も、メールは避けたほうがよいでしょう。

これは私の経験ですが、対面だとおとなしい人でも、メールだと冗舌になったり、攻撃的になったりすることがあります。

相手が目の前にいない安心・安全な空間に身を置いているからかもしれません。

メールは建設的な議論には向いていますが、言い合いには不向きです。

メールを受け取ったときに感じた怒りを返信にぶつけるなど、水掛け論になれば結論は出ません。

人は、自分の非を認めようとせず、あれこれと理由を付けては、自分を正当化する生き物です。

じっくり考えて、逃げ道を作るようなメールを書くよりも、すぐに対話の場を持って話を収束させるべきでしょう。

意思疎通ができていないと感じた場合は、**メールを印刷して、どこで論点がずれたのかを確認することも有効です**。

Aという話で進めていたのに、いきなりBという話に論点がすり替わる人もいます。その場合、印刷したメールを一緒に読んで「この部分はこのような意図だと受け取ったのですが、違いますか?」のように読み解き、確認していくのです。

実際のメールを添削する研修では、次のような質問をしています。

「相手には、意図が歪んで伝わっている可能性があります。気付きますか？」

「どのような論点で書いていますか？」


こうして、相手の思考と本人の思考を言語化することでずれを見つけていくのです。

どうしても、自分一人の思考に陥りがちで、それが正しいと思い込んでしまいます。

いろんな人の視点でメールを読む経験をすることで、多様な視点を身に付けることができます。

感謝の気持ちの伝え方

メールに感情を込めるのは問題ありませんが、過度に「！」を付けたりしなくても気持ちはしっかり伝わります。

まずは、記号を使わず、**文章で自分の気持ちを伝えるトレーニングをしていきましょう。**

「○○さんのお陰で、今回のプロジェクトは大成功でした。本当にありがとうございます。」

「いつも○○さんの献身的なサポートに助けられています。これからもよろしくお願いします。」

「○○さんと一緒に仕事ができるなんて夢のようです。ただ夢を叶えるだけではなく、成果も出せるよう頑張ります。」

シンプルですが、自分の考えたことを言語化する。

このためには、語彙力が求められます。

でも、語彙力といってもここに書いた言葉は、どれも平易なものです。

難しい言葉を紡ぐ必要はなく、たやすく理解できる言葉の組み合わせでいいのです。

自分の考えや思いを伝えるのに、難しい言葉は必要ありません。

仕事だから難しい言葉を使ったほうがよいという考えから抜け出せなくて、お礼のメール一つ取ってもテンプレートを探してしまうことはありませんか？

テンプレートは、いわば借りてきた人の言葉。

そこに違和感があれば、相手はその言葉をあなたの言葉とは受け止めてくれません。


感謝を伝えるフレーズはたくさんあります。


「ありがとうございます」

「大変うれしく思います」

「厚く御礼申し上げます」

「感謝の念に堪えません」

「深謝しております」

「お心遣い痛み入ります」


この中で初めて見る言葉があるかもしれません。

そのような言葉を使った場合、「きっと誰かに書いてもらったんだ」「自分で書くのが面倒だからテンプレートを探したのだろう」なんて思われる可能性があります。

日頃、使っていない難しい言葉は不要です。

私は、気持ちのこもった文章とは、その人の言葉で書かれた、その人らしいものだと思います。


自分の思っていることを言葉にする能力を高めていきましょう。

おわりに

メールで効率を上げている人、下げている人の二極化が進んでいます。

メールのコミュニケーションに課題を抱え、時間がかかりすぎることに問題意識を持っている人が、本書を読んで、一つでも多くの疑問を解消し、メール活用のヒントを得ていただけたら。著者としては、それが一番の願いです。


今まで140万通以上のメールを送受信してきました。その中で、印刷して飾っておきたいくらいの「上手な文章」のメールは1通もありません。私たちが仕事で使っているメールは、言わば普通のメールです。普通のメールで十分なのです。

メールで成功するか失敗するかを決めるのは、言葉の選び方、伝え方、送るタイミングなど。

つまり、メールという道具を使ってコミュニケーションをどう取るかに尽きます。

メール独特のコミュニケーションのルールを理解していれば、トラブルを未然に防ぐことはたやすいことです。

私自身、メールを使いこなして、電話を全くせず、人とも会わず、たくさんの仕事を回しています。メールのよい点と悪い点を熟知して、トラブルを避けながらコミュニケーションを取っています。

メールがあれば、オフィスにいてもテレワークでも、出張中や旅行中であっても、いつも変わらず一定のペースで仕事ができます。正しく使えば、ビジネスの強い味方となります。使い続けることで信頼を高め、効率を高め、さらに望む人生に近づくことができます。

私には、世の中の無駄をなくしたいという夢があります。世の中のメールコミュニケーションを改善し、メールに費やす時間を日本全体で30％程度減らしたい。さらに、メールでストレスを感じる人を一人でも減らしたい。そう思っています。

現在、日本の就業者数は６６５５万人です。この半分がメールを使っていると仮定して、その人たちのメールの作業時間を30％削減できたらどうでしょう。

ビジネスメール実態調査２０２０によると一人あたり毎日2時間半ほどメールを使っているというデータがあります。

仮に時給が２５００円だとすると、30％の時間短縮は、日本全体で６２４億円の経済効果に相当します。しかもこの数字は、たった1日だけのものです。

本書で紹介したテクニックは、非常にシンプルです。

あとは、実践あるのみです。

すぐに、仕事に取り入れ、試してください。

初めはうまくいかないかもしれません。トラブルが起こったら、立ち止まって原因を考えます。少しでも状況がよくなるように、改善を続けるのです。

時間はかかるかもしれませんが、気付いたときには、30%の時間削減が達成され、トラブルもほぼなくなっているでしょう。

本書を読んで、さらにメールのレベルアップを図りたい人のために、巻末に特典を用意しました。本書の学びを深めるのに役立つ動画です。

特典動画を視聴して、実践のヒントを手にしてください。

みんなでメールのスキルを上げて、メールの時間を30%削減しましょう！

テレワーク時代のメール術　読者特典

必見！テレワーク時代のスピードメール術！

読者限定　無料で４本の動画が閲覧可能

◎実演！平野友朗がメール作成

・手元と画面を同時にチェック
・これが達人の入力だ

◎解説！平野友朗がメールを作成するときに考えていること

・解説しながら実際にメールを新規作成
・解説しながら実際にメールを返信

◎復習！本書での学びを深めるために

・本書のエッセンスを動画でギュッと解説
・押さえておきたい５つのポイント

◎ヒント！組織のメール業務改善

・メールの業務改善がうまくいかない３つの理由
・具体的な手順と、期待できる効果

特典の請求はこちらから。

https://businessmail.or.jp/wave/

著者紹介
平野　友朗（ひらの・ともあき）

株式会社アイ・コミュニケーション 代表取締役
一般社団法人日本ビジネスメール協会 代表理事

1974年、北海道生まれ。筑波大学人間学類（認知心理学専攻）卒業後、広告代理店勤務を経て独立。ビジネスメール教育・改善の第一人者として知られ、メールに関するメディア掲載1500回以上、著書32冊。メールを活用した営業手法には定評があり、メールとウェブマーケティングを駆使して5000社の顧客を開拓。メールスキル向上指導、組織のメールに関するルール策定、メールの効率化による業務改善や生産性向上などに数多く携わる。官公庁、企業、団体、学校での講演や研修、コンサルティングは年間120回を超える。近著に『【改訂新版】ビジネスメールの書き方・送り方』（あさ出版）がある。

株式会社アイ・コミュニケーション
https://www.sc-p.jp/

一般社団法人日本ビジネスメール協会
https://businessmail.or.jp/

ビジネスメールの教科書
https://business-mail.jp/

テレワーク時代《じだい》のメール術《じゅつ》

評価《ひょうか》される人《ひと》は1通《つう》のメールで仕事《しごと》が終《お》わる

2020年10月2日　第1版　第1刷発行
2021年2月22日　　　　　第2刷発行

著　者　平野友朗

発行所　WAVE出版
〒102-0074　東京都千代田区九段南3-9-12
TEL 03-3261-3713　FAX 03-3261-3823
振替 00100-7-366376
E-mail: info@wave-publishers.co.jp
https://www.wave-publishers.co.jp

印刷・製本　中央精版印刷株式会社

NDC361　231p　19cm　ISBN978-4-86621-308-8